REPARATUREN KOMPAKT

TÜREN UND FENSTER

Peter Birkholz • Michael Bruns • Karl-Gerhard Haas • Hans-Jürgen Reinbold

D1721982

Stiftung
Warentest

INHALTSVERZEICHNIS

VERTRÄGE UND BESTIMMUNGEN

IN DER MIETWOHNUNG

Das Modernisieren, Verändern und Reparieren von Türen und Fenstern kann stark in das Äußere der Wohnung oder gar in die Bausubstanz eingreifen. Bevor es überhaupt an die Arbeit geht, stellt sich daher erst einmal die Frage: Darf oder muss der Mieter hier selbst anpacken, oder ist das Ganze Sache des Vermieters? Es lohnt also, einen Blick in den Mietvertrag zu werfen.

KEINE ANGST VORM KLEINGEDRUCKTEN

Dort wird in der Regel beschrieben, welche Arbeiten der Mieter selbst ausführen muss. Meist sind das die Schönheitsreparaturen, also Streichen und Tapezieren, und dazu sogenannte Kleinreparaturen, also Kleinigkeiten, die – würde man einen Handwerker beauftragen – unter 100 Euro bleiben.

Nur: Was im Mietvertrag steht, ist nicht immer auch rechtswirksam. Oft führt der Vermieter dort Klauseln auf, die einer rechtlichen Überprüfung nicht standhalten. Sie gelten selbst dann nicht, wenn der Mieter sie eigenhändig unterschrieben hat. Wer wirklich wissen will, ob Mieter oder Vermieter für die Arbeiten zuständig sind, muss die aktuelle Rechtsprechung kennen.

Denn im Mietrecht gilt, wie auch sonst bei Alltagsgeschäften, „Vertragsautonomie": Im Rahmen der gesetzlichen Vorschriften ist ein Vertrag frei verhandelbar. Die meisten Mietverträge sind jedoch als Formular bereits vorgedruckt und müssen nur noch ausgefüllt werden. Solche standardisierte Vordrucke stellen Allgemeine Geschäftsbedingungen dar, kurz: AGB. Wer ein solches Klauselwerk benutzt, will im Regelfall nicht mehr jede einzelne Position in Frage stellen. Von „frei verhandelbar" kann also bei den meisten Mietverträgen keine Rede sein, zumal der Mieter bei der „Verhandlung" auch noch am kürzeren Hebel sitzt.

🔑 DOKUMENTATION

Um überflüssigen Streit zu vermeiden, sollten Sie

- vor dem Einzug Fotos vom Zustand der Wohnung machen,
- beim Einzug ebenso wie beim Auszug gemeinsam mit dem Vermieter ein Wohnungsübergabeprotokoll anfertigen, um den Zustand der Räume zu dokumentieren,
- fristgemäß, spätestens beim Auszug, alle Renovierungsarbeiten erledigen, bei denen die Fristen abgelaufen sind. Heben Sie (als Beweis) die Quittungen für das Material auf.

Wegen dieses Ungleichgewichts am Verhandlungstisch gelten für Allgemeine Geschäftsbedingungen strenge Regeln: Die AGB müssen ausgewogen sein, sie dürfen die Gegenseite nicht unangemessen benachteiligen. Sie müssen klar formuliert sein, in allgemein verständlicher Sprache und dürfen keine überraschenden Klauseln enthalten, mit denen niemand rechnen konnte. Falls eine Klausel nicht ganz eindeutig ist, gilt immer die Interpretation, die für den Mieter am vorteilhaftesten ist. Und schließlich darf das gefürchtete „Kleingedruckte" nicht so klein und eng bedruckt sein, dass man es kaum lesen kann.

Anders ist das Ganze, wenn es sich nicht um AGB handelt. Das würde zum Beispiel für die Klauseln in einem individuell ausgehandelten Vertrag gelten. Dann gelten die strengen Anforderungen des AGB-Rechts nicht, die Klauseln bleiben wirksam, auch wenn sie ungerecht sind, denn der Mieter konnte ja bei den Vertragsverhandlungen Einfluss darauf nehmen. Manche Vermieter versuchen sich daher damit zu retten, dass sie den Mieter einen handschriftlichen Zusatz unterschreiben lassen: „Dieser Vertrag wurde individuell ausgehandelt." oder indem sie keinen Vordruck verwenden, sondern den gesamten Vertrag handschriftlich aufsetzen. Das ändert aber nichts am AGB-Charakter, wenn der Vermieter ganz ähnliche Verträge schon zuvor „ausgehandelt" hat oder später auch mit anderen Mietern abschließt. Wenn der Vermieter einen Vordruck handschriftlich ergänzt, kann das nur als Individualvereinbarung durchgehen, wenn der Zusatz dem Text einen ganz anderen Sinn gibt.

VIELE UNWIRKSAME KLAUSELN

Wegen dieser strengen Anforderungen weisen viele – wenn nicht die meisten – Verträge Klauseln auf, die unwirksam sind. Das heißt: Sie sind nicht rechtsgültig, sondern werden so behandelt, als seien sie nie abgeschlossen worden. Das gilt auch dann, wenn der Mieter den Vertrag unterschrieben hat. Auch eine an sich rechtsverbindliche Unterschrift ändert nichts daran, dass eine Klausel wie „Mündliche Absprachen gelten nicht" per se unwirksam ist. Was mündlich abgemacht wurde, hat sogar Vorrang. Das Problem ist nur, dass es schwer zu beweisen ist, wenn keine Zeugen zugegen waren.

Unwirksam ist es beispielsweise, dem Mieter Kosten für Reparaturen aufzubürden, die er von Gesetzes wegen nicht tragen muss. So sollte in einem Fall der Mieter auf eigene Kosten unter anderem auch die Schlösser in „gebrauchsfähigem Zustand erhalten und zerbrochene Glasscheiben ersetzen" – mithin Reparaturen übernehmen, die der Instandhaltungspflicht des Vermieters unterliegen. Das Gericht entschied, dass diese Pflichten nicht auf den Mieter abgewälzt werden können (BayOLG Az. RE-Miet 1/96).

EINRICHTEN – MIT GENEHMIGUNG

Oft ist die Wohnung nicht ganz so, wie es der Mieter gern hätte. Neue Fußböden, eine damit eventuell einhergehende

🔑 TIPPS GEGEN DEN LÄRM

Wenn Sie sich von Ihren Nachbarn gestört fühlen, reden Sie mit ihnen darüber. Oft steckt hinter der Störung kein böser Wille, sondern eine falsche Einschätzung der Lautstärke oder einfach Gedankenlosigkeit.

- Setzen Sie sich bei fortwährender Lärmbelästigung mit Ihrem Vermieter in Verbindung. Er muss dafür sorgen, dass Sie Ihre Wohnung unbeeinträchtigt nutzen können.
- Falls gute Worte nicht helfen, sprechen Sie mit anderen Mietern über die Störungen und führen sie ein Lärmprotokoll. Vor Gericht zählt nur der Nachweis einer dauerhaften Beeinträchtigung durch Lärm. Nennen Sie Zeugen!
- Und zu guter Letzt: Denken Sie selbst bei der Anschaffung neuer Werkzeuge auch an die Nachbarn und kaufen Sie geräuscharme Geräte.

Kürzung der Türen oder das Anbringen von Fenstersicherungen: Wer da selbst zur Werkzeugkiste greift, darf das nicht ohne Zustimmung des Vermieters tun. Alle Baumaßnahmen, die die Wohnung grundlegend verändern oder in die Bausubstanz eingreifen, sind genehmigungspflichtig. Schließlich sind die Räume zwar gemietet, aber letzten Endes handelt es sich um fremdes Eigentum. Und nur weil die Miete pünktlich überwiesen wird, darf der Mieter nicht frei darüber verfügen.

Tut er es doch, kann das teuer werden. Der Vermieter kann verlangen, dass die Umbauten umgehend rückgängig

EINBAUTEN ABKLÄREN

Wenn Sie beim Einzug in eine neue Wohnung Einrichtungsgegenstände oder Einbauten übernehmen, die ein Vormieter eingebaut hat, halten Sie im Mietvertrag schriftlich fest, was damit bei Ihrem künftigen Auszug passiert!

gemacht werden. Weigert der Mieter sich, kann das sogar eine fristlose Kündigung nach sich ziehen. Allerdings muss der Vermieter sich damit beeilen: Wenn die Kündigung nicht spätestens zwei bis drei Monate, nachdem er den Rückbau verlangt und der Mieter nichts unternommen hat, eintrifft, lehnen viele Gerichte sie schon ab. Dann bleibt den Mietern zwar die Kündigung erspart, doch zurücknehmen müssen sie die Einbauten dennoch. Die viele Arbeit und das investierte Geld sind dann umsonst, hinzu kommen noch die Kosten für den Rückbau.

VERMIETER MUSS ZUSTIMMEN

Oft darf der Vermieter seine Zustimmung jedoch gar nicht verweigern. In vielen Fällen haben Gerichte entschieden, dass er sein Okay geben muss. Diese Zustimmungspflicht bezieht sich aber eher auf Notwendigkeiten. Geht es hingegen nur darum, dem Mieter das Leben zu erleichtern, darf der Vermieter ablehnen.

Selbst wenn die Genehmigung des Vermieters vorliegt, müssen Mieter bei ihren Arbeiten aber dafür sorgen, dass

„SCHANDFLECK" SATELLITENSCHÜSSEL

Viele Vermieter sehen sie nicht gern: Sie beeinträchtigen das äußere Erscheinungsbild der Fassade und können sogar Ärger mit anderen Wohnungseigentümern bedeuten. Das OLG Frankfurt legte fünf Voraussetzungen fest, um vom Vermieter trotzdem die Erlaubnis zum Aufstellen einer Sat-Schüssel zu erwirken (Az. RE Miet 1/91). Bohrt der Mieter jedoch ohne Zustimmung des Hausbesitzers zur Kabelführung einfach ein Loch in den Fensterrahmen, beschädigt er damit dessen Eigentum und macht sich schadenersatzpflichtig. Und auch hier gilt: Der Mieter muss beim Auszug den ursprünglichen Zustand wiederherstellen und die Schüssel entfernen.

sie möglichst keine irreparablen Schäden an den umliegenden Teilen der Wohnung verursachen.

KLEINE ÄNDERUNGEN ERLAUBT

Lediglich über Kleinigkeiten darf der Mieter frei entscheiden. Natürlich darf er die Wohnung nach seinem Geschmack einrichten, die Wände streichen oder tapezieren. Allerdings ist die Verwirklichung des eigenen Geschmacks nur erlaubt, soweit es nicht genehmigungsbedürftige Umbauten betrifft.

Kleinere Ausstattungen, die dem normalen Wohnen dienen, dürfen Mieter ohne Zustimmung des Vermieters anbringen. Sie dürfen zum Beispiel Plastikfolien auf Türen und Türrahmen kleben, wenn sie keine irreparablen Schäden an Holz oder Lackierung anrichten (AG Tempelhof-Kreuzberg, Az. 19 C 39/01). Auch darf der Mieter Zimmertüren aushängen und Einbauschränke vorübergehend entfernen (Landgericht Berlin, Az. 67 S 351/94). Das Amtsgericht Hamburg meinte gar, dass „die Verlegung eines Laminat-Fußbodens, die mit der Kürzung der Zimmertüren einhergeht, vom vertragsgemäßen Gebrauch der Mietwohnung gedeckt" sei (Az. 39 AC 114/98). Selbst für das Einbauen eines Türspions muss keine Zustimmung eingeholt werden (LG Berlin, Az. 65 S 3/84). Zum Auszug müssen aber auch diese Änderungen zurückgebaut werden.

EINBAUTEN BEIM AUSZUG ENTFERNEN

Eine Mietwohnung bleibt stets Eigentum des Vermieters – daher muss der Mieter bei seinem Auszug den ursprünglichen Zustand der Wohnung wiederherstellen. Er hat nicht nur ein Wegnahmerecht, sondern eine Wegnahmepflicht. Alle Gegenstände und Einbauten, die er in die Wohnung gebracht hat, muss er auf seine Kosten entfernen – sofern mit dem Vermieter nichts anderes vereinbart wurde. Der Vermieter ist zur Übernahme selbst dann nicht verpflichtet, wenn er dem Einbau zuvor zugestimmt hat.

Deshalb darf der Vermieter beim Ein- oder Umbau als Gegenleistung für seine Zustimmung eine zusätzliche Sicherheitszahlung verlangen, damit er nicht auf den Kosten für den Rückbau sitzen bleibt, falls der Mieter seinen Pflichten nicht nachkommt.

Wer glaubt, beim Auszug vom Vermieter für zurückgelassene Einbauten eine Ablösesumme verlangen zu können, der irrt. Wenn aber der Vermieter darauf besteht, dass die Einrichtung in der Wohnung bleibt oder dies vertraglich vereinbart worden ist, besteht ein Anspruch auf finanziellen Ausgleich.

AUSNAHMEN VON DER WEGNAHMEPFLICHT

Von der Wegnahmepflicht gibt es Ausnahmen: vertragliche Regelung, Wertsteigerung, begründete Notwendigkeit oder unnötige Belastung.

Grundsätzlich sollten Mieter vor aufwendigen Investitionen eine schriftliche Vereinbarung mit dem Vermieter treffen: ob die Arbeiten rückgängig gemacht werden müssen, ob eventuell der Nachmieter sie zu übernehmen hat, ob und in welcher Höhe er sich dann zu den ursprünglichen Kosten beteiligen soll, oder ob der Vermieter Wertersatz leistet.

Haben aber zum Beispiel Ausbauarbeiten eines Mieters zur Wertverbesserung des Hauses geführt, so ist der Mieter nicht verpflichtet, die Wohnung bei Ende des Vertrags in einen schlechteren Zustand zurückzuversetzen, entschied in einem Fall das Landgericht Hamburg (Az. 16 S 230/86).

Die Pflicht zum Rückbau gilt auch dann nicht, wenn die Veränderungen ohnehin notwendig waren und der Vermieter seine Zustimmung sowieso hätte geben müssen, zum Beispiel wenn ein alter, defekter Kühlschrank gegen ein neues, effizienteres Gerät ersetzt wurde.

Ähnlich ist es, wenn die Wohnung erst durch die Umbauten in einen vertragsgemäßen Zustand kam oder wenn der Vermieter nach dem Auszug die Wohnung so umbauen

möchte, dass die Einbauten des Mieters ohnehin herausge-
nommen werden müssen. Er darf dann auch kein Geld verlangen für den Aufwand, den der Mieter durch den unnötig
gewordenen Rückbau einspart (BGH, Az. VIII ZR 231/84).

SONDERREGELN FÜR BEHINDERTE

Etwas anders ist die Lage, wenn der Mieter eine Behin-
derung hat und Umbauten notwendig sind, damit er nicht
aus seiner Wohnung ausziehen und womöglich in ein Heim
umsiedeln muss. Keiner Zustimmung des Vermieters be-
dürfen einfache Maßnahmen wie Haltegriffe an den Wänden von Flur und Bad, Einstiegshilfen für die Badewanne,
rutschsichere kleine Rampen an Türschwellen für Rollstuhl-
fahrer oder das Verkleben von rutschsicherer Auslegware.

Genehmigungspflichtig sind hingegen beispielsweise
das Entfernen von Türschwellen, das Verbreitern von Türen,
das Beseitigen der Duschtasse zu Gunsten einer ebenerdi-
gen Dusche, aber auch das Entfernen der Badewanne,
selbst wenn stattdessen eine Dusche eingebaut wird.

Immerhin ist das Recht auf barriere-
freies Wohnen gesetzlich festgelegt
(BGB, Paragraf 554 a) – unabhängig davon, was im Mietvertrag vereinbart wurde. Seine Zustimmung darf der Vermieter
also nicht Verweigern, er kann allerdings
eine zusätzliche Kautionszahlung verlangen, damit für ihn sicher gestellt ist, dass
der ursprüngliche Zustand der Wohnung
wieder hergestellt werden kann.

RÜCKBAU MIT EINKALKULIEREN

Es empfiehlt sich, vor solch aufwendigen Investitionen mit
dem Eigentümer einen schriftlichen Vertrag abzuschlie-
ßen, in dem er sich zum Beispiel bereiterklärt, von ihm ge-
nehmigte Umbauten beim Auszug des Mieters zu überneh-

men. Darin kann auch festgehalten werden, dass der Mieter einen geeigneten Nachmieter stellen darf, der die Einrichtung übernimmt.

Andernfalls muss der Mieter neben dem Umbau auch den späteren Rückbau selbst bezahlen. Oft ist der sogar teurer als der vorherige Umbau. Das passgerechte Erneuern von Türschwellen kostet eben mehr als sie herauszuschlagen.

ANSPRÜCHE DES VERMIETERS AUF REPARATUREN

Beschädigt der Mieter Eigentum des Vermieters, muss er es natürlich ersetzen oder reparieren. Wenn die Schäden aber beispielsweise als **Abnutzung** durch den normalen Wohngebrauch entstehen, kann der Vermieter die Reparaturkosten nicht auf den Mieter abwälzen.

KLEINREPARATUREN: NUR BEI VERTRAGLICHER VEREINBARUNG

Die Instandhaltung einer Wohnung obliegt grundsätzlich dem Vermieter (§ 535 BGB). Gleichwohl kann der Mieter verpflichtet werden, sich um Bagatellen selbst zu kümmern. Der Streit beider Vertragsparteien um solche vermeintlichen Kleinigkeiten hat sogar schon den Bundesgerichtshof beschäftigt (BGH, Az. VIII ZR 38/90 und Az. VIII ZR 91/88). Seinem Urteil zufolge durften **Bagatellreparaturen** im Einzelfall damals höchstens 100 Mark kosten. Die Oberlandesgerichte Hamburg und München hielten auch noch Kosten von 150 Mark pro Reparatur für zulässig (Az. 5 U 135/90 und Az. 29 U 6529/90).

Heute liegt diese Grenze eher bei etwa 100 Euro. Sie gilt aber nur, wenn der Mietvertrag eine Höchstgrenze für die vom Mieter zu tragenden Kosten zur Beseitigung von Bagatellschäden nennt: Eine Gesamtsumme von maximal 300 Euro pro Jahr dürfte gerade noch zulässig sein. Steht davon nichts im Vertrag, ist die gesamte Klausel über Kleinreparaturen unwirksam, und der Mieter muss nichts zahlen.

NUR TEILE, AUF DIE MIETER ZUGRIFF HABEN

Außerdem darf sich die Vereinbarung nur auf die Teile der Wohnung beziehen, die dem direkten und häufigen Zugriff des Mieters ausgesetzt sind, beispielsweise die Innenseite der Fensterrahmen, auch Jalousien und Türverschlüsse – nicht aber auf Sachen, auf die er gar keinen Einfluss hat wie beispielsweise die Leitungen für Gas, Wasser oder Strom.

Voraussetzung ist in jedem Fall, die bereits erwähnte ausdrückliche Festlegung der Kostenobergrenze im Mietvertrag.

Die Zweite Berechnungsverordnung prägt dabei den Begriff der „kleinen Instandhaltung". Demnach umfassen die kleinen Instandhaltungen „nur das Beheben kleiner Schäden an den Installationsgegenständen für Elektrizität, Wasser und Gas, den Heiz- und Kocheinrichtungen, den Fenster- und Türverschlüssen sowie den Verschlussvorrichtungen von Fensterläden".

Und: Auf den Mieter abgewälzt werden dürfen nur die Kosten einer Reparatur, nicht deren Durchführung. Klauseln im Mietvertrag, wonach der Mieter selbst tätig werden muss – Handwerker beauftragen oder Beseitigen der Schäden in Eigenarbeit –, sind unwirksam. Als Mieter sollte man sich unter Kostenaspekten aber sehr wohl überlegen, ob man den Austausch einer Dichtung bei einem tropfenden Wasserhahn eventuell doch selbst erledigt.

SCHÖNHEITSREPARATUREN

„Die Wohnung ist vom Mieter zu renovieren: Küche und Bad alle drei Jahre, Wohnräume und Flure alle fünf Jahre, Nebenräume sowie Türen, Fenster und Heizkörper alle sieben Jahre". So steht es seit Jahren in Millionen unterschriebenen Mietverträgen. Und viele Mieter haben ein schlechtes Gewissen, wenn sie nicht in regelmäßigen Abständen zu Pinsel und Farbe greifen.

Das müssen sie aber nicht, denn die Klausel ist unwirksam. Der Grund ist simpel: Starre Fristenpläne nehmen keinerlei Rücksicht darauf, wie die Wohnung in Wirklichkeit aussieht. Wären die oben genannten Fristen gültig, müsste zum Beispiel jemand, der die Räume nur als Zweitwohnung wenige Tage im Monat nutzt, alle drei Jahre die Küche streichen, obwohl sie womöglich noch in perfektem Zustand ist und jeder Neuanstrich vollkommen überflüssig wäre.

KLAUSEL NULL UND NICHTIG

Stünde im Mietvertrag „im Regelfall alle zwei Jahre", „im Allgemeinen", „in der Regel" oder „meist", wäre die Klausel zulässig : Sie ist nicht mehr „starr" formuliert (BGH, Az. VIII ZR 351/04).

Werden diese engen Grenzen der Formulierung aber verletzt, ist die entsprechende Klausel null und nichtig – und „Null" heißt: Im Vertrag steht im Grunde nichts zum Thema Schönheitsreparaturen.

Die Folgen könnten für Mieter kaum besser sein: Das Bürgerliche Gesetzbuch sieht vor, dass jemand, der gegen Geld eine Sache vermietet, auch dafür sorgen muss, dass diese Sache in Ordnung ist. Sprich: Wer eine Wohnung vermietet und diese Klausel als „starr" – und damit unwirksam – formuliert hat, muss sie auf eigene Kosten in einem Zustand halten, der allgemein als gebrauchstauglich gilt.

STOLPERFALLEN BEI RENOVIERUNGSKLAUSELN

Darüber hinaus hat der Bundesgerichtshof zahlreiche weitere Stolperfallen aufgedeckt. Was gar nicht geht, ist den Mieter zu verpflichten, Türen und Fenster von außen zu streichen. Deshalb hat der BGH folgende Klausel gekippt: „Der Mieter hat auszuführen: Tapezieren, Streichen der Wände und Decken, der Heizkörper sowie der Türen und Fenster." (Az. VIII ZR 210/08). Denn bei genauem Hinsehen umfasst sie auch den Außenanstrich. Damit ist auch in diesem Fall die komplette Klausel unwirksam, das heißt null und nichtig. Der Mieter muss also gar keine der aufgeführten Arbeiten ausführen.

🔑 KOMMUNIKATION

Bestehen Unklarheiten über die Zuständigkeit von Reparaturen, sollte der erste Schritt stets ein Gespräch mit dem Vermieter sein. Das spart für alle Zeit, Geld und Nerven.

Eine Renovierungsklausel, die bestimmte farbliche Anforderungen, etwa zu „neutralen, hellen, deckenden Farben und Tapeten" enthält, ist unwirksam, weil sie den Mieter in der Gestaltung seines persönlichen Lebensbereichs einschränkt (Az. VIII ZR 224/07). Die Folge: Damit ist die gesamte Regelung zu Schönheitsreparaturen unwirksam und der Vermieter muss selber auf seine Kosten regelmäßig renovieren.

RENOVIERUNG BEI AUSZUG

Etwas anders ist es beim Auszug: Da dürfen Vermieter verlangen, dass die Wohnung nicht in abenteuerlichen Farben gestrichen oder tapeziert wird. Denn sie haben ein berechtigtes Interesse, die Wohnung so zurückzuerhalten, dass sie von vielen Interessenten akzeptiert wird (BGH, Az. VIII ZR 224/07).

Trotzdem darf der Vermieter aber keine bestimmte Farben wie zum Beispiel Weiß für den Auszug vorschreiben. Vielmehr darf der Mieter die Wohnung in den von ihm gewählten Farben und Tapeten hinterlassen – wenn die nicht völlig ungewöhnlich sind. Bei einer sachgemäß ausgeführten Umlackierung der Türen von weiß auf braun kann der Vermieter etwa keinen neuen Weißanstrich beim Auszug verlangen (AG Münster, WM 1988, S. 110).

Auch folgende Klausel kippten die Richter: „Sind bei Mietende Renovierungen noch nicht fällig, zahlt der Mieter anteilig 20, 40, 60 oder 80 Prozent, wenn die letzten Schönheitsreparaturen ein, zwei, drei oder vier Jahre zurückliegen." Auch diese sogenannte Quotenklausel lässt den tatsächlichen Zustand der Wohnung unberücksichtigt (Az. VIII ZR 247/05).

STREITPUNKT DÜBEL

Streit gibt es oft um Dübellöcher. Für den Einbau mancher Sicherheitsschlösser muss etwa in den Fensterrahmen gebohrt werden. Eine schriftliche Genehmigung sowie eine

Vereinbarung für den Fall des Auszug sind hier unabdingbar. Kommt man bei Rahmen aus Holz im günstigsten Fall noch mit einer Verspachtelung und Neulackierung davon, könnte ein Kunststoff- oder Aluminiumrahmen nach dem Rückbau als irreparabel beschädigt gelten – der Mieter muss dann alles ersetzen.

INSTANDHALTUNGSPFLICHT DES VERMIETERS

Zu den Aufgaben des Vermieters gehört, die Wohnung während der Mietzeit in einem zum vertragsgemäßen Gebrauch geeigneten Zustand zu halten (§ 535 BGB). Die notwendigen (Bau-)Maßnahmen hat der Mieter zu dulden (§ 554 BGB). Seiner Instandhaltungspflicht kann der Eigentümer auf zweierlei Weise nachkommen, durch Instandhaltung oder durch Instandsetzung. Der Übergang zwischen beidem ist fließend:

Unter Instandhaltung versteht man vorbeugende Maßnahmen, um den ordnungsgemäßen Zustand einer Wohnung aufrechtzuerhalten – auch der Außenanstrich der Fenster gehört etwa hierzu. Instandsetzung meint, einen vertragswidrigen Zustand zu beenden.

Egal ob Instandhaltung oder Instandsetzung: Dem Mieter dürfen daraus keine Kosten entstehen. Beides ist mit der Miete entgolten. Die Instandsetzungspflicht des Vermieters entfällt aber, wenn der Mieter schon bei Unterschrift unter den Mietvertrag die Mängel kannte oder den Schaden durch unsachgemäßen Gebrauch selbst verursacht hat.

MIETMINDERUNG

Kann ein Mieter seine Wohnung nicht so nutzen, wie er es normalerweise erwarten darf, liegt – juristisch gesprochen – ein „Mangel an der Mietsache" vor. Der Mieter ist dann berechtigt, die Miete zu mindern. Die Möglichkeit der Mietminderung ist kein Gnadenakt des Vermieters. Sie muss weder beantragt noch genehmigt werden, sondern ist gesetzlich verbrieftes Recht (§ 536 BGB). Es kommt also nicht darauf an, ob der Vermieter einverstanden ist. Der Vermieter kann dieses Recht auch nicht durch eine Klausel im Mietvertrag ausschließen oder beschränken.

Die Höhe einer Mietminderung richtet sich nach dem Umfang der Beeinträchtigung. Allerdings lassen sich keine allgemeingültigen Regeln aufstellen über den prozentualen Anteil, der von der Miete abgezogen werden kann. Denn „Beeinträchtigung" wird – wie Lärm – subjektiv empfunden. Jedes Beispiel für die Höhe einer Mietminderung kann also immer nur Anhaltspunkt sein und nicht die Regel. Im Streitfall ist die endgültige Beurteilung der Höhe einer Mietminderung Sache des Richters.

SO MINDERN SIE DIE MIETE

Teilen Sie den Mangel an der Wohnung **dem Vermieter** mit – aus Beweisgründen am besten schriftlich. Es geht aber auch mündlich im Beisein von Zeugen. Fordern Sie ihn auf, den Mangel zu beseitigen. Setzen Sie dafür eine **angemessene Frist**: je nach Dringlichkeit der Sache wenige Tage oder ein bis zwei Wochen.

Kündigen Sie schon mit der Mängelmeldung **an**, dass Sie bei Überschreitung der Frist die Miete um einen bestimmten Prozentsatz reduzieren werden.

Falls Sie gar nicht einschätzen können, um wie viel Prozent eine Mietminderung angemessen wäre, leisten Sie weitere Mietzahlungen nur „**unter Minderungsvorbehalt**".

Zahlen Sie bei der erfolgreichen, **restlosen Beseitigung** aller aufgetretenen Mängel sofort wieder die volle Miete.

Grundsätzlich gilt: Reden Sie mit Ihrem Vermieter, bevor Sie mit dem Anwalt drohen. Das erleichtert beiden Parteien die Erfüllung des Vertrags und macht auch den weiteren Umgang miteinander leichter.

BEISPIELE FÜR MIETMINDERUNGEN

Mängel	Minderung	Aktenzeichen
Leichter Luftzug in Altbau (Fensterrahmen)	0 Prozent	AG Steinfurt, Az. 4 C 484/95
Briefkasten defekt	2 Prozent	AG Potsdam, Az. 26 C 406/94
Fahrradkeller plötzlich nicht mehr zugänglich	2,5 Prozent	AG Menden, Az. 4 C 407/06
Sprechanlage ausgefallen	5 Prozent	AG Rostock, Az. 41 C 183/98
Klingel fehlt	5 Prozent	AG Potsdam, Az. 26 C 406/94
Erhebliche Mängel beim Betätigen der Rollläden	5 Prozent	AG Warendorf, Az: 5 C 472/99
Direkt vorm Schlaf- und Wohnzimmer wird ein Parkplatz neu gebaut	5 Prozent	AG Berlin-Spandau, Az. 6 C 526/99
Fenster blind und feuchtigkeitsbeschlagen	5 Prozent	AG Kassel, Az. 802 C 2502/92
Wasser dringt durch die Fenster	5 Prozent	LG Berlin, 61 S 437/81
Einzelnes Fenster undicht (Zugluft)	10 Prozent	AG Münster WM 1976, 256
Laute Knackgeräusche aus der Heizung	10 Prozent	LG Hannover, Az. 9 S 211/93
Ratten im Hof	10 Prozent	AG Aachen, Az. 5 C 5/00
Tauben nisten im Haus	10 Prozent	LG Berlin, Az. 64 S 84/95
Teppichboden mangelhaft	15 Prozent	OLG Celle, Az. 2 U 216/93
Baugerüst vorm Haus, dadurch Verdunkelung und erhöhte Einbruchgefahr	15 Prozent	AG Hamburg, Az. 38 C 483/95
Toilette spült mangels Wasserdruck unzureichend	15 Prozent	AG Münster, Az. 49 C 133/92
Warmwasserboiler im Bad defekt	15 Prozent	AG München, Az. 232 C 37276/90
Prostitution im Haus	25 Prozent	AG Regensburg, Az. 3 C 1121 + 1146/90
Alle Fenster undicht (starke Zugluft)	50 Prozent	AG Leverkusen WM 81, 92
Totalausfall der Heizung im Winter	75 Prozent	LG Berlin, Az. 64 S 291/91
Keine Küche, obwohl im Mietvertrag zugesichert	100 Prozent	LG Itzehoe, Az. 1 S 397/96

Anschrift
Ort, 00. Monat Jahr

MÄNGELANZEIGE MIT MINDERUNGSANKÜNDIGUNG
Mietobjekt: (Straße, Hausnummer, Mietvertragsnummer)

Sehr geehrte / r Herr / Frau (Vermieter),
ich möchte darauf hinweisen, dass die Wohnung folgende Mängel hat / dass der Wohnung weitere Schäden drohen wegen folgender Mängel: (genaue Beschreibung der Mängel und wo sie auftreten, zum Beispiel:)
Die Heizkörper im Wohnzimmer werden seit dem
5. Dezember nicht mehr warm. Dieser Zustand hält auch nach einer Entlüftung der Heizkörper an.
Diese Mängel mindern die Tauglichkeit der Wohnung zum vertragsgemäßen Gebrauch, weil (Schilderung der Wohnwertminderung, zum Beispiel:) wir uns an kühlen Tagen dort nicht aufhalten können.
Laut Gesetz (§ 536 BGB) bin ich berechtigt, die Miete zu mindern. Ich halte eine Minderung um ... Prozent für angemessen, solange der Mangel nicht beseitigt ist. Den Minderungsbetrag von ... Euro ziehe ich von der Warmmiete ab und überweise bis zur Mängelbeseitigung nur noch ... Euro.
Ich bitte Sie, den Mangel bis spätestens (taggenau bestimmtes Datum, nicht „binnen zwei Wochen") 12. Dezember zu beseitigen. Falls bis dahin nichts erfolgt, behalte ich mir vor, einen zusätzlichen Teil der Miete gemäß vorherrschender Rechtsprechung als sogenannten Druckzuschlag einzubehalten.
Mit freundlichen Grüßen

(Unterschrift)

WANN DER VERMIETER NICHT ZUSTÄNDIG IST

Jeder Mieter möchte eine Wohnung in gutem Zustand. Dafür zahlt er Miete, und der Vermieter kümmert sich darum, dass die Räume fehlerfrei sind. Von dieser Regel gibt es einige wenige Ausnahmen: Wenn der Mieter den Mangel durch einen übermäßigen, vertragswidrigen Gebrauch selbst verschuldet hat, muss er sich auch selbst um die Beseitigung kümmern.

Ebenfalls kann bei alter Bausubstanz eine Ausnahmen gemacht werden. So wurde ein geringfügig luftundichtes Fenster an einem 90 Jahre alten Gebäude nicht als Grund für eine Mietminderung angesehen (AG Steinfurt, Az. 4 C 484/95). Ein anderer Fall: Wurden Isolierglasfenster in Altbauten eingebaut und der Mieter änderte daraufhin nicht sein Lüftungsverhalten, obwohl er vom Vermieter darüber eindeutig aufgeklärt wurde, muss der Vermieter nicht für eventuell auftretenden Schimmel haften.

Wenn der Mieter schon bei Abschluss des Vertrags den Mangel kannte, sind Ansprüche aus daraus resultierenden Schäden sowie ebenso das Recht auf Mietminderung ausgeschlossen (§ 536 b BGB).

Schwierig kann es auch werden, wenn der Mieter die Mängelanzeige verschläft oder ihm „um des lieben Friedens willen" schlechterdings der Mut fehlt, die Wohnungsmängel zu melden: Die Mietminderung ist „sowohl für die Vergangenheit als auch für die Zukunft ausgeschlossen", wenn ein Mieter nach Bezug der Mieträume einen Mangel feststellt und danach die Miete über einen längeren Zeitraum – in der Regel sechs Monate – vorbehaltlos weiterzahlt (LG Berlin, Az. 67 S 344/00).

KAMPF DEM SCHIMMELPILZ

Schwarze Flecken auf der Tapete sind ein eindeutiges Zeichen für Schimmel. Die Flecken sehen nicht nur hässlich aus, die Sporen der Schimmelpilze können auch gesundheitsschädlich sein. Und schenkt man den Gewächsen keine Beachtung, schädigen sie unter Umständen sogar Putz und Mauerwerk.

Der Mieter muss beweisen, dass die Wohnung an sich mangelhaft ist, der Vermieter hingegen muss nachweisen, dass die Feuchtigkeit nicht durch Bauschäden oder -mängel hervorgerufen wird, beispielsweise durch eindringendes Regenwasser, sondern dass der Pilz hauptsächlich deshalb gedeiht, weil der Mieter unzureichend lüftet. Eindeutig klären kann die Ursachen oft nur ein Sachverständiger (siehe auch: test, Heft 11/12 sowie Suchwort „Schimmel" auf www.test.de).

Wichtig: Wenn Sie Schimmelpilze in Ihrer Wohnung entdecken, teilen Sie dies Ihrem Vermieter unverzüglich mit, denn der Schimmel muss umgehend und gründlich beseitigt werden, um Gesundheitsstörungen zu vermeiden.

LÜFTEN UND HEIZEN VERHINDERT DEN SCHIMMEL

- Täglich drei- bis viermal jeweils für zwei bis fünf Minuten gründlich durchlüften (Stoßlüften). Sorgen Sie dabei, wenn möglich, für Durchzug.
- Behindern Sie nicht die Wärmeabgabe der Heizkörper durch vorgestellte Möbel oder dichte Vorhänge.
- Bei hoher Konzentration von Wasserdampf nach dem Kochen oder Duschen sollte sofort gelüftet werden.
- Die Türen von Küche und Bad, in denen viel Dampf freigesetzt wird, geschlossen halten, damit sich die Feuchtigkeit nicht in der Wohnung verteilt.
- Halten Sie auch die Türen zu wenig beheizten Räumen geschlossen, damit sich dort keine feuchte Luft an den kühlen Wänden niederschlägt.
- Heizen Sie Schlafzimmer tagsüber (auf 16–18 Grad), damit die Raumluft genügend Feuchte aufnehmen kann.
- Verzichten Sie auf zusätzliche Luftbefeuchter, beispielsweise an Heizkörpern.
- Behalten Sie die Luftfeuchtigkeit über ein Hygrometer im Blick. Werte zwischen 40 und 60 Prozent sind ideal.

IM WOHNEIGENTUM

Vor dem Umzug in die Eigentumswohnung ist die Vorfreude meist groß, suggeriert diese Wohnform doch, man könne endlich tun und lassen, was man wolle. Die hohen Erwartungen werden allerdings nicht selten nach wenigen Monaten enttäuscht, wenn der Immobilienbesitzer merkt, dass sich das Leben in der neuen Wohnung nur wenig von dem in der bisherigen Mietwohnung unterscheidet: Es gibt Essensgerüche im Treppenhaus, Kinderlärm und Streit um Haus, Hof und Garten. Zudem fehlt der – aus Sicht eines Mieters – für alles allein Verantwortliche: der Vermieter.

DARAUF MÜSSEN EIGENTÜMER ACHTEN

Die eigenen vier Wände in einer Eigentumswohnung umschließen eben kein Eigenheim, sondern nur einen Anteil an einer Wohnanlage, in der alle Eigentümer ihre individuellen Interessen durchsetzen wollen. So gibt es zwar keinen reglementierenden Mietvertrag. Aber an eine Hausordnung, Teilungserklärung oder Gemeinschaftsordnung müssen sich auch Wohnungseigentümer halten. Darin ist festgelegt, wie der Einzelne sein Eigentum nutzen darf. Das Wohneigentum ist das alleinige „Sondereigentum" des Eigentümers, während das Gemeinschaftseigentum (beispielsweise das Grundstück) allen gehört und von allen genutzt wird.

Zum individuellen Sondereigentum zählt alles, was innerhalb der Wohnung verändert, beseitigt oder eingefügt werden kann (§ 5 WEG), ohne dass das gemeinschaftliche Eigentum oder das Sondereigentum eines anderen davon beeinträchtigt wird: beispielsweise nicht tragende Wände, Fußbodenbelag, Putz, Heizkörper, Armaturen, Waschbecken, Dusche und Wanne, Innentüren sowie die Installationsleitungen für Strom, Wasser und Heizung ab der Abzweigung von den Hauptsträngen. Der Wohnungseigentümer hat sein Sondereigentum instand zu halten (§ 14 WEG), darf daran reparieren, es verändern, streichen und nach Gutdünken damit verfahren, sofern dem nicht gesetzliche Vorschriften oder die Rechte Dritter entgegenstehen.

Die unterschiedliche Auslegung dieser Rechte führt immer wieder zum Rechtsstreit. So ist vielen Eigentümern nicht klar, dass sie lediglich über den Innenanstrich „ihrer" Fenster verfügen können. Müssen sie außen gestrichen oder instandgesetzt werden, ist – sofern nichts anderes schriftlich vereinbart – dafür die Gemeinschaft zuständig: Sie regelt alle gemeinschaftlichen Einrichtungen, bei denen sich Veränderungen – auch Anstriche – auf das Gesamtbild oder die Beschaffenheit des Hauses auswirken: Fassade, Dach, Balkon, Außentüren, Fahrstuhl, aber auch tragende Wände in den Wohnungen. Legt der Wohnungseigentümer – selbst zum Zweck der Reparatur – daran eigenmächtig Hand an, kann dies der Anlass für erheblichen Ärger sein.

Hat der Besitzer seine Wohnung vermietet, ist er für alle von seinen Mietern unzulässigerweise vorgenommenen baulichen Veränderungen verantwortlich und muss sie notfalls selbst beseitigen (OLG Köln, Az. 16 Wx 58/00).

Fazit: Die Nutzungsrechte des Eigentümers an den Wohnräumen gehen zwar weiter als die eines Mieters, doch darf er nicht nach Gutdünken umgestalten, schon gar nicht am Gemeinschaftseigentum. Hier hilft nur ein Blick in die Gemeinschaftsordnung.

HAFTUNG UND VERSICHERUNGEN

Wer für Reparaturen zu Hause die Werkzeugkiste auspackt, sollte sich zunächst informieren, ob für das defekte Teil noch Gewährleistung oder Garantie besteht. Beides wird von Normalverbrauchern oft synonym gebraucht, doch stecken dahinter zwei verschiedene Sachverhalte:

HAFTPFLICHTVERSICHERUNG

Die Haftpflichtversicherung ist ein Muss, denn wer einen Schaden verursacht, trägt die finanziellen Folgen. Gemietete Wohnungen sind üblicherweise im Versicherungsschutz enthalten. Die Haftpflichtversicherung trägt aber nur Schäden, die Fremde beim Schadenverursacher geltend machen. Wer sich selber einen Schaden zufügt, kann von der Privathaftpflichtpolice nichts erwarten. Die **Versicherungssumme** sollte möglichst hoch sein. Finanztest rät zu einer Erstattung von mindestens 2,56 Millionen Euro pauschal für Personen- und Sachschäden. Bestimmte Risiken sind mit dieser Summe aber nicht gedeckt. Lesen Sie sich deshalb vor Abschluss der Police den Vertrag genau durch.

 ALTE VERTRÄGE

Hin und wieder lohnt es sich, seinen abgeschlossenen Vertrag mit aktuellen Angeboten zu vergleichen. Nur so kann man sicher sein, abhängig von den eigenen Vorgaben den günstigsten beziehungsweise umfassendsten Versicherungsschutz zu besitzen.

Finanztest untersucht regelmäßig die Tarife von über hundert Versicherungsanbietern, am schnellsten einsehbar im Internet unter www.test.de.

HAUSRATVERSICHERUNG

Die Hausratversicherung greift bei Einbruch sowie bei Schäden durch Brand, Leitungswasser oder Sturm. Sie ist nur für den Hausrat da, ersetzt also nur bewegliche Gegenstände, nicht hingegen fest eingebaute Teile des Hauses. Ob die Schäden wirklich von der Versicherung abgedeckt sind oder nicht etwa durch Eigenverschulden des Versicherungsnehmers entstanden sind, überprüfen einige Gesellschaften sehr genau.

Wenn gezahlt wird, erhält der Kunde – wo eine Reparatur unmöglich ist – grundsätzlich den Neuwert des Stückes, beziehungsweise den Neuwert des technisch aktuellen Äquivalents. Das gilt auch bei für günstig und gebraucht erworbene Dinge. Daher muss die Versicherungssumme entsprechend hoch angesetzt sein: Liegt eine Unterversicherung vor, gibt es im Schadensfall entsprechend weniger.

Gegen eine Unterversicherung werden verschiedene Modelle angeboten, beispielsweise der Unterversicherungsverzicht oder die Selbstbeteiligung. Alle Modelle sind mit Vor- und Nachteilen versehen – die beste Variante muss der Verbraucher anhand seiner individuellen Situation bestimmen. In jedem Fall ist auch hier ein aufmerksamer Blick in den Vertrag hilfereich.

 WERTE IM HAUSHALT

▪ Auch oder gerade für Altkunden ist es sinnvoll, ab und zu einen Streifzug durch die Wohnung zu machen, um den Gesamtwert des Hausrats zu dokumentieren und eventuell die Versicherungssumme zu erhöhen.
Dabei hilft die Wertermittlungsliste der Stiftung Warentest, die unter www.test.de/hausratliste kostenlos im Internet steht. Vergessen Sie nicht Sachen, die mittlerweile im Keller oder auf dem Dachboden liegen.

▪ Nutzen Sie die private Inventur gleich, um besonders wertvolle Stücke in Ihrem Haushalt zu fotografieren. Die ausgefüllte Wertermittlungsliste und die Fotos bewahren Sie dann am besten außer Haus auf – zum Beispiel bei Bekannten oder im Schließfach der Bank.

DIE WERKZEUG-GRUNDAUSSTATTUNG

Um Türen und Fenster zu reparieren oder auszubessern, egal ob im eigenen Haus oder in der Mietwohnung, benötigen Sie eine gewisse Werkzeug-Grundausstattung, die sich an Ihren handwerklichen Ambitionen aber auch Möglichkeiten orientieren sollte. Eine Grundauswahl haben wir für Sie hier zusammengestellt.

Billigwerkzeuge halten in der Regel nicht lange und lassen meist auch in der Leistung zu wünschen übrig. Für gelegentliche Anwendungen genügt oft schon eine mittlere Qualitätsstufe. Wer jedoch häufiger zum Werkzeug greift und Langlebigkeit erwartet, sollte zu den höherwertigen Modellen greifen.

Gewisse Rückschlüsse auf die Qualität lassen sich aus Materialangaben ziehen, wie Chrom-Vanadium bei Schraubendrehern und -schlüsseln.

Skepsis ist angebracht bei Werkzeugen, die in den Ramschregalen vor der Kasse angeboten werden oder als ganzes Sortiment zum Niedrigstpreis. Nur eine einzige scharfe Feile zu besitzen ist befriedigender als einen ganzen Satz stumpfer.

QUALITÄT VON WERKZEUGEN

Wir testen immer wieder Werkzeuge für die verschiedensten Einsatzgebiete und veröffentlichen die Ergebnisse in der Zeitschrift test und bei www.test.de.

Werkzeuge mit Gummigriffen können mit PAK (polyzyklischen aromatischen Kohlenwasserstoffen) oder gesundheitsschädlichen Weichmachern belastet sein. PAK gelangen beispielsweise als Verunreinigungen aus Abfällen der Erdöl- und Kohleindustrie in das Material und gelten als krebserzeugend oder Erbgut verändernd. Da sie gut fettlöslich sind, gelangen die gefährlichen Schadstoffe über die Haut leicht in den menschlichen Organismus. Entströmt den Griffen oder Belägen ein intensiver Geruch nach Gummi oder Chemikalien, lassen Sie besser die Finger davon. Ein solider Hammer mit Holzgriff tut es auch.

HAMMER

Ein Hammer darf natürlich in keinem Werkzeugkasten fehlen. Klassiker ist der Schlosserhammer mit seinem 300 oder 500 Gramm schwerem Kopf. Er eignet sich zum Einschlagen von Nägeln und für leichte Meißelarbeiten. Zum Einschlagen dünner Stifte, zum Beispiel bei Bilderrahmen, sollte besser ein leichterer Hammer verwendet werden.

Achten Sie beim Hammerkauf auf eine solide Verbindung von Hammerkopf und Stiel. Der Stiel sollte im Auge des Hammerkopfs mit einer sichtbaren Keilhülse gesichert sein. Ist stattdessen das Auge mit Lack vergossen, soll damit häufig nur die unsolide Verarbeitung kaschiert werden.

HILFEN BEIM HÄMMERN

Wer ungeübt ist, kann sich mit einer Kombizange oder einem **Nagelhalter** aus Kunststoff den blauen Daumen ersparen. Die Nägel lassen sich aber genauso mit einem kleinen Streifen Karton in Position halten.

SCHRAUBENDREHER

Für den allgemeinen Gebrauch genügen Schraubendreher, auch Schraubenzieher genannt, mit Flachschlitzklinge in drei Größen sowie je zwei Kreuzschlitz-Schraubendreher mit Phillips- und Pozidriv-Klingen. Für spezielle Schrauben ist die Anschaffung weiterer Schraubendreher notwendig (→ Seite 42 f.).

AKKUBOHRSCHRAUBER

Schnelles und kraftsparenden Ein- und Ausdrehen von Schrauben, dazu Bohren in Holz, Kunststoff und Blech: Die Anschaffung eines Akkubohrschraubers lohnt sich.

Beim Kauf gilt es, den richtigen Kompromiss zwischen Häufigkeit der Verwendung, Lebensdauer und Preis zu finden. Für nur gelegentliche Anwendungen lohnt sich die Anschaffung eines teuren Spitzenprodukts kaum: Akkus altern auch oder gerade dann, wenn sie nicht benutzt werden, sie verrichten ihren Dienst selten länger als drei bis fünf Jahre. Ihr Ersatz kostet fast genauso viel wie ein neues Gerät. Ein Muster an Nachhaltigkeit, sprich Lebensdauer und Ressourcenschonung, sind Akkugeräte deshalb nicht.

Entscheidend für die Gebrauchstauglichkeit ist auch die Zeit, die das Ladegerät benötigt, um den Akku wieder aufzuladen: Die Messlatte liegt derzeit bei 15 Minuten, eine Stunde oder mehr sollte man nicht mehr akzeptieren.

Nicht unwichtig für die Kaufentscheidung sind zudem vermeintliche Kleinigkeiten: Bei längeren Arbeiten in schwer

Akkubohrschrauber eignen sich außer zum Schrauben auch zum Bohren in Holz und Metall. Akkubohrschrauber mit Mittelhandgriff sind gut ausbalanciert und liegen beim Arbeiten besser in der Hand.

Die Schlagbohrmaschine bohrt in Holz, Metall und Wandbaustoffe.

Der Bohrhammer erfordert sogar beim Bohren in Beton nur eine geringe Andruckkraft. Die Schlagenergie produziert er in seinem Hammerwerk selbst.

zugänglichen Bereichen werden Gewicht, Schwerpunktlage und Abmessung des Schraubers plötzlich enorm wichtig. Andere Elemente dienen vor allem dem Heimwerkerkomfort. Ein mechanisches Zweiganggetriebe für mehr Kraft im ersten und mehr Geschwindigkeit im zweiten Gang gehört hier ebenso dazu wie ein Schnellspannbohrfutter mit und automatischer Spindelarretierung.

SCHLAGBOHRMASCHINE

Sie bohrt in Holz und Metall, mit eingeschaltetem Schlagwerk auch in Wandbaustoffe. Für viele Arbeiten reicht schon die relativ handliche 1-Gang-Variante mit etwa 600 Watt Leistungsaufnahme. Ein Modell mit zwei Gängen macht sich bei größeren Bohrdurchmessern bezahlt: neben dem gewöhnlichen Schnellgang bietet der langsame Gang genügend Kraft für dicke Bohrer. Auch zum präzisen Eindrehen von Schrauben ist der zweite Gang geeignet.

Wie bei den Akkubohrschraubern haben auch hier die meisten Modelle bereits ein Schnellspannbohrfutter .

BOHRHAMMER

Wer Betonwände hat, sollte besser einen kleinen Bohrhammer benutzen. Während das Rastenschlagwerk von Schlagbohrmaschinen die Energie zum Vorantreiben des Bohrers aus der Andruckkraft des Anwenders bezieht, hämmert sich der Bohrhammer mit seinem Hammerwerk fast von allein durch den Beton. Es genügt, die Maschine nur leicht anzudrücken.

Gute Bohrhämmer der 2-Kilo-Klasse gibt es ab 100 Euro. Für die meisten Heimwerkarbeiten genügen Bohrhämmer mit 1-Gang-Getriebe (bis ca. 1 000 Umdrehungen / Minute).

Zum vorsichtigen Anbohren von Lochziegeln oder weichen Wandbaustoffen wie etwa Porenbeton oder Bims muss das Schlagwerk abschaltbar sein (Schlagstopp) . Relativ neu sind Akku-Bohrhämmer , die Leistung und Mobilität vereinen.

DARAUF SOLLTEN SIE BEIM KAUF VON ELEKTROWERKZEUGEN ACHTEN:

Mit **Billigwerkzeug** tun Sie weder sich noch Ihrem Werkstück einen Gefallen. Selbst für Einsteiger lohnt sich daher die Anschaffung eines Markenprodukts. Wer Langlebigkeit erwartet oder mehr Leistung braucht, sollte gleich zu den **höherwertigen Modellen** oder gar zu **Profimaschinen** greifen. Oft werden Elektrowerkzeuge mit Preisvorteil als Set mit passendem Zubehör im Koffer verkauft. Qualitätswerkzeuge gibt es im Fachhandel, aber auch in vielen Baumärkten.

WERKZEUGE AUSLEIHEN

Werkzeuge, die selten eingesetzt werden, muss man nicht unbedingt kaufen. Findet sich das gesuchte Gerät nicht im Freundeskreis, kann es auch bei einem Werkzeugverleih tage- oder wochenweise ausgeliehen werden. Viele Baumärkte und Werkzeug-Fachhändler bieten einen solchen Service für ihre Kunden an.

Es gibt auch Firmen, die sich auf das Verleihen von Werkzeugen und sogar Baumaschinen spezialisiert haben. Die Kosten liegen selbst beim Leihen des Gerätes für eine ganze Woche deutlich unter dem Kaufpreis, jedoch sollte man sich vorher genau nach den Extragebühren für die Abnutzung von Bohrern oder Sägeblättern erkundigen.

STICHSÄGE

Mit ihrem sich auf und ab bewegenden Sägeblatt sägt die Stichsäge nicht nur alle Holzwerkstoffe (Spanplatten, MDF-Platten) und Kunststoffe, sondern auch Keramik und Metalle. Dabei kommt es allein auf die Wahl des richtigen Sägeblatts an. Es gibt sie nicht nur für verschiedene Werkstoffe, sondern auch in verschiedenen Längen, wodurch die maximale Schnitttiefe bestimmt wird.

Ein generelles Problem aller Stichsägen ist das seitliche Ausweichen des Sägeblatts aufgrund seiner Elastizität. Wenn es auf Genauigkeit ankommt, sind daher Probeschnitte mit verschiedenen Sägeblättern zu empfehlen. Auch mit einer Führungsschiene gelingen gerade Schnitte leichter.

HANDKREISSÄGE

Dennoch eignen sich für lange gerade Schnitte Handsägen und Stichsägen nur bedingt. Besser verwendet man hierfür eine Handkreissäge. Sie sägt Massivholz und Holzwerkstoffplatten, teilweise auch Leichtmetall wie Aluminium. Wichtig ist eine solide Konstruktion der Grundplatte. Sie darf auch bei Schrägschnitten mit geringer Tiefe nicht nachgeben.

Für Zuschnitte von Profilbrettern und üblichen Plattenmaterialien genügt eine Handkreissäge mit einer Schnitttiefe von zirka 55 Millimeter.

OSZILLATIONSWERKZEUG

Das Gerät kann mithilfe verschiedener Aufsätze sowohl schleifen, sägen als auch trennen. Allerdings hat die Maschine auch ihre Nachteile: Der Preis des Zubehörs übersteigt schnell den Wert des eigentlichen Geräts. Bei günstigeren Maschinen gestaltet sich dazu nicht nur der Werkzeugwechsel kompliziert, ihnen fehlt meist auch eine elektronische Drehzahlregulierung. Das führt unter Umständen zum Ablösen oder Reißen des Schleifpapiers.

Das Multifunktionswerkzeug überzeugte in unseren Tests aber dennoch durch seine positiven Gesamteigenschaften,

Ausschnitte und Kurvenschnitte lassen sich mit einer Stichsäge leicht anfertigen. Die Bügelgriff-Version erlaubt einhändiges Arbeiten und ist bei Heimwerkern sehr beliebt.

Lange gerade Schnitte lassen sich am schnellsten und besten mit einer Handkreissäge durchführen. Modelle mit elektronischer Drehzahlregelung eignen sich gut für Leichtmetalle und Kunststoffe.

Oszillationswerkzeug: Hier wird eine Türzarge gekürzt, um Fertigparkett zu legen. Die exakte Höhe liefert ein Reststück.

wodurch bei seiner Anschaffung gleichzeitig das Geld für einen zusätzlichen Dreieckschleifer eingespart werden kann.

FEILEN UND RASPELN

Mit Feilen können nahezu alle Metalle, Holz und Kunststoffe zerspanend bearbeitet werden. Man unterscheidet sie nach der Form, dem Hieb (Zahnteilung) und dem Anwendungsgebiet. Je höher die Hieb-Zahl, desto feiner die Feile. Die Angabe findet man meist am Übergang der Feile zum Griff.

Die Anordnung der Zähne in Linien unterscheidet die Feile von der Raspel , bei welcher die Zähne punktförmig eingehauen werden. Sie ist nur für die Holzbearbeitung oder weiche Materialien geeignet, wenn viel Material abgetragen werden soll.

Eine interessante Alternative sind Surform-Werkzeuge – auch Kombi-, Standard- oder Blockhobel, Standardfeile, Rundfeile oder Schaber genannt. Sie arbeiten mit auswechselbaren gitterförmigen Blättern, die in entsprechende Handhalter eingespannt werden. Man erzielt mit diesen Werkzeugen eine hohe Abtragsleistung bei gleichzeitig relativ glatter Oberfläche. Es gibt diese Werkzeuge mit flachen und gebogenen Klingenblättern. Handhalter aus Metall sind solchen aus Kunststoff vorzuziehen, da sie sich beim Arbeiten etwas weniger verziehen.

SCHLEIFMITTEL

Zum Anschleifen einer kleinen Oberfläche oder Brechen einer Kante genügen ein paar Blatt Schleifpapier oder Schleifleinen . Letzteres ist mechanisch stärker belastbar und lässt sich in Streifen reißen, was zum Schleifen von Rundungen vorteilhaft ist. Die Zahlen auf der Rückseite bezeichnen, wie fein oder grob die Schleifkörner sind: Für Holzarbeiten kommen Körnungen von 40 (gröber) bis zirka 180 (etwas feiner) zum Einsatz. Nassschleifpapiere mit feinerer Körnung werden zum Anschliff lackierter Oberflächen verwendet. Ein Schleifklotz aus Kork oder Hartgummi, auf den das Schleifpapier gespannt wird, erleichtert die Arbeit. Auch feine Stahlwolle liefert einen guten Schliff und entfernt sogar Lackreste von Glasscheiben.

ELEKTRISCHE SCHLEIFWERKZEUGE

Dreieckschleifer, auch Deltaschleifer genannt, sind die Spezialisten zum Schleifen von Ecken und Kanten. Ebenso wie Schwingschleifer eignen sie sich eher für den feinen Schliff ebener Oberflächen, denn ihre Abtragsleistung ist gering.

Der Exzenterschleifer hat den Schwingschleifer weitgehend verdrängt, weil sich mit ihm sowohl höhere Abtragsleistungen als auch polierte Oberflächen erreichen lassen.

Bandschleifer arbeiten mit einem umlaufenden Schleifband, also einer linearen Schleifbewegung, und bieten eine hohe Abtragsleistung. Das Arbeiten mit dem Bandschleifer erfordert etwas Übung, wenn keine Unebenheiten in die

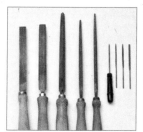

Feilen unterscheidet man nach Form, Hieb und Anwendungsgebiet. Hier eine Halbrund-, Flach-, Dreieck- und Rundfeilen sowie einige Schlüsselfeilen.

Surform-Werkzeuge verschiedener Anbieter mit Metall- oder Kunststoffgriffen: Kombihobel, Standardfeile, Blockhobel und zwei Schaber.

Der Exzenterschleifer liefert mit der exzentrisch rotierenden Scheibe eine hohe Abtragsleistung und gute Oberflächenqualität. Mit einem weichen Schleifteller (Zubehör) lassen sich auch gewölbte Oberflächen bearbeiten.

Oberfläche geschliffen werden sollen. Eine Staubabsaugung und ein Bürstenschleifrahmen sollten dazugehören. Letzterer sorgt für eine gleichmäßige Auflage und verringert den Anpressdruck, wenn eine hohe Oberflächengüte erreicht werden soll.

Auf den Kopf gestellt und am Tisch festgespannt, lassen sich einige Fabrikate auch stationär zum Schleifen kleiner Werkstücke wie etwa Einzelteile eines Fensterrahmens einsetzen.

STECHBEITEL

Mit dem rasiermesserscharf geschliffenen Stechbeitel oder Stecheisen werden Aussparungen in das Holz „gestochen", Zinken hergestellt oder dünne Späne abgenommen, um Holzteile passgenau in- beziehungsweise aneinander zu fügen. Es gibt sie in den verschiedensten Formen und Breiten, auch halbrund, als Hohlbeitel. Ein stumpfer Stechbeitel ist unbrauchbar, weshalb die Schneide häufig und sorgfältig nachgeschliffen und stets vor Beschädigung, aber auch wegen der Verletzungsgefahr geschützt werden muss. Man schlägt den Stechbeitel mit einem Holzklüpfel , niemals mit einem Hammer aus Metall.

Stechbeitel verschiedener Breiten, Hohlbeitel, Geißfuß; dazu (rechts) ein Klüpfel

Winkel-, Flach- und Rundpinsel in mehreren Größen bilden die Grundausstattung.

MALERWERKZEUGE

Für Malerarbeiten sollten ein paar Pinsel in verschiedenen Größen im Haushalt sein. Rundpinsel lassen sich vielseitig für unterschiedliche Lackierarbeiten einsetzen. Flachpinsel sind vor allem für größere Flächen gedacht. Um besser in Ecken zu kommen, kann man einen Winkelpinsel benutzen und auch mit der schmalen Kante streichen. Hochwertige Pinsel werden aus Chinaborsten angefertigt, die in eine Metallzwinge eingespannt sind. Da auch gute Pinsel beim ersten Einsatz Haare verlieren können, streichen Sie sie vor dem Gebrauch mit etwas Wasser aus.

Kleine Schaumstoffrollen eignen sich ebenfalls für Lackierarbeiten. Mit ihnen lässt sich die Farbe besonders gleichmäßig auftragen.

MESSWERKZEUGE

Ein Meterstab (Zollstock) darf in keinem Werkzeugkasten fehlen. Er sollte leichtgängige, aber straff sitzende Federgelenke haben. Bei Strecken über zwei Meter ist ein ausgezogenes, feststellbares Bandmaß jedoch praktischer.

Eine Wasserwaage hilft, Gegenstände waagerecht oder senkrecht auszurichten. Sie sollte aus Teakholz oder

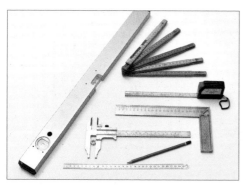

Meterstab, Bleistift (zum Anzeichnen) und eine Wasserwaage sind für genaues Arbeiten erforderlich. Bei Strecken über zwei Meter ist das Bandmaß praktischer. Achten Sie darauf, dass es sich ausgezogen feststellen lässt. Ein Messschieber ist unentbehrlich zum Messen von Durchmessern, beispielsweise von Bohrern oder Schrauben. Seine Messgenauigkeit beträgt $1/10$ Millimeter.

Leichtmetall bestehen. Als Funktionstest prüfen Sie die Wasserwaage vor dem Kauf am besten auf Umschlag. Dazu legen Sie sie auf eine möglichst waagerechte Fläche und schauen sich die Position der Blase in der Libelle an. Drehen Sie anschließend die Wasserwaage um 180 Grad. Befindet sich die Blase nun an einer anderen Position, ist das Gerät untauglich. Wasserwaagen mit einer Maßeinteilung ermöglichen, gleichzeitig etwa den Abstand zwischen zwei Bohrungen zu kontrollieren.

SPANNVORRICHTUNGEN

Werkstücke sollten während der Bearbeitung fest fixiert sein: an einem Arbeitstisch oder auch innerhalb einer größeren Konstruktion wie einem Rollladenkasten. So wird ein Wegrutschen verhindert und damit einhergehende Materialschäden oder gar Verletzungen. Die klassische **Schraubzwinge**, lieferbar in allen Größen, leistet noch immer gute Dienste. Für besonders Eilige gibt es die **Schnellspannzwinge**, die auf Hebeldruck gespannt wird, doch sie hält nicht immer, was sie verspricht. **Winkelspanner** fixieren rechte Winkel in Werkstücken, etwa bei Fensterrahmen.

Zwingen, Schraubklemmen und Klammern sollten paarweise beschafft werden. Ein Maschinenschraubstock, am Werktisch festgeschraubt, leistet vielfältige Dienste.

Wenn die Schutzkappen aus Plastik reißen oder verlorengehen, sollte man ein Stück Hartfaser dazwischenlegen, um Abdrücke am Werkstück zu verhindern.

BOHREN

Beim Bohren ist zu beachten, dass kleine Bohrdurchmesser immer eine höhere Drehzahl, große Durchmesser eine geringere Drehzahl erfordern. Daneben ist das Bohrverfahren zu beachten: Zum Bohren in Holz benötigt man keine Bohrmaschine mit Schlag, für Dübellöcher in Beton ist ein Bohrhammer dagegen sehr hilfreich.

BOHREN IN MAUERWERK UND BETON

Die Befestigung von Sicherheitsschlössern muss tief im Mauerwerk verankert sein. Besteht es aus Vollsteinen mit dichtem Gefüge, etwa Backstein, Klinker und Kalksandstein oder gar aus Beton, erfordert die Montage den Einsatz einer Schlagbohrmaschine oder eines Bohrhammers.

SDS-PLUS
Die Firma Bosch entwickelte in den 70er Jahren ein spezielles Spannfutter für Bohrhämmer. SDS-plus („Special Direct System") benötigt zwar spezielle Bohrer und Meißel, erlaubt aber einen werkzeuglosen Bohrerwechsel und eine bessere Kraftübertragung. Heute existieren verschiedene Weiterentwicklungen und Kombi-Varianten.

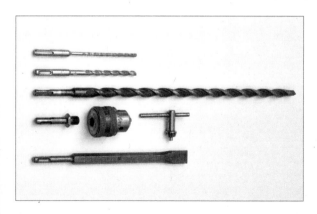

Bohr- und Meißelwerkzeuge mit SDS-plus-Schaft. Zum einfachen Drehbohren kann mit Hilfe eines Adapters ein Dreibackenfuttereingesetzt werden. Das Hammerwerk muss dazu unbedingt abgeschaltet werden.

Besteht die Wand jedoch aus Lochsteinen, aus Steinen mit porigem Gefüge wie Bims und Porenbeton, wird nur drehend (also ohne Schlag) gebohrt, da sonst die Stege zwischen den Luftkammern leicht zerstört werden. Ähnlich empfindlich sind Wände aus Plattenmaterialien wie Gipskarton.

Auf die Spitze von Steinbohrern sind Hartmetallschneiden gelötet, die beim Bohren keine Späne erzeugen, son-

---

SO ERKENNEN SIE DEN BAUSTOFF

Die Außenwände eines Hauses sind tragende Wände und bestehen in der Regel aus Beton oder Mauerwerk.

Tragende Innenwände erkennt man an der größeren Wandstärke gegenüber den nicht tragenden Zwischenwänden. Klopft man dagegen, so klingen sie weder hohl, noch spürt man eine Schwingung oder ein Nachgeben.

Zwischenwände hingegen, auch vorgesetzte Schalen aus Gipskarton- oder Faserplatten, klingen beim Klopfen hohl und federn ein wenig.

- **Beton** fördert staubfeines, aber noch rieselfähiges Bohrmehl mit weißer bis hellgrauer Farbe zutage.
- **Porenbetonmehl** ist ebenfalls weiß, aber grobkörnig und leicht schmierig. Der Bohrer stößt hier nur auf wenig Widerstand, im Gegensatz zu normalem Gussbeton, der den Einsatz eines Bohrhammers erfordert.
- **Ziegel und (Loch-)Ziegel aus Ton** liefern rotes oder gelbliches Bohrmehl. Schwierig ist es herauszufinden, ob es sich um Vollsteine oder Lochsteine, zum Beispiel Hohlkammerziegel, handelt. Man merkt es leider erst dann, wenn man beim Bohren in ein Loch „fällt".
- **Kalksandsteine** haben ein weißes Bohrmehl, das sich sandig anfühlt.
- **Gipskartonplatten** liefern ein feines weißes Mehl, das am Bohrer kleben bleibt. Bei Gipsfaserplatten ist es hellgrau.

Die klassischen Bohrerarten. Von links: HSS-Bohrer für Metall, Holzspiralbohrer mit Zentrierspitze, Betonbohrer mit Hartmetallschneiden.

Bohrer für Holz. Von links: Holzspiralbohrer, Forstnerbohrer, Flachfräsbohrer, verstellbarer Holzzentrumsbohrer.

Hammerbohrer für Gestein mit spezieller Wendelung für schnellen Bohrmehlabtransport. Die an der Spitze eingelötete Hartmetallschneide hat die Aufgabe, den Baustoff zu zermahlen.

dern den Baustoff zu Staub zermahlen. Dieser wird von der Bohrerwendel aus dem Loch transportiert. Hammerbohrer sind speziell auf die hohe Schlagenergie von Bohrhämmern abgestimmt: Das SDS-plus-Prinzip fixiert den Schaft trotz der wirkenden Kräfte sicher im Futter. Der Bohrer passt jedoch nicht in normale Dreibacken-Spannfutter.

BOHREN IN HOLZ UND HOLZWERKSTOFFEN

Holzspiralbohrer für kleinere Durchmesser haben eine lange Zentrierspitze und zwei Vorschneider außen. Diese ritzen die Holzfasern an, bevor sie von den innenliegenden Spanhebern herausgeschnitten werden.

Für größere Bohrdurchmesser – 10 bis 50 Millimeter, etwa für beim Einbau eines Türspions (→ Seite 107) – werden meistens Forstnerbohrer , Kunstbohrer oder Beschlaglochbohrer eingesetzt. Ihr zylindrischer Schneidkopf ist ebenfalls mit einer Führungsspitze ausgestattet, dazu mit zwei fast halbkreisgroßen Umfangschneiden. Ebenfalls kommen für Bohrungen mit größerem Durchmesser Lochsägen zum Einsatz. Flachfräsbohrern und Holzzentrumsbohrern mögen günstiger sein, sind aber auch unpräziser.

DÜBELVERBINDUNGEN

Dübel dienen dazu, einer Schraube oder einem Nagel in einem mineralischen Baustoff Halt zu verleihen. Sie werden in verschiedenen Durchmessern und Längen angeboten. Ihre Durchmesserangabe ist üblicherweise identisch mit dem Durchmesser des erforderlichen Bohrlochs.

Im Heimwerkerbereich findet man am häufigsten Kunststoffdübel aus Polyamid, wobei der am weitesten verbreitete klassische Spreizdübel („Fischerdübel") längst von einer Vielzahl verbesserter Varianten abgelöst worden ist, die beispielsweise die Spreizkräfte gleichmäßiger auf das Bohr-

Beim Erstellen von Dübelverbindungen sind die unterschiedlichen Wandbaustoffe zu berücksichtigen.

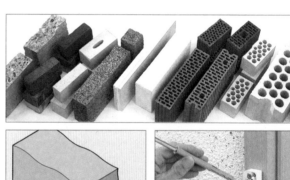

Vorsteckmontage: Die Schraubenlänge hat hohen Einfluss auf die Tragfähigkeit der Dübelverbindung. Bei Kunststoffdübeln sollte die Schraube mindestens so lang sein wie die addierten Werte der Dicke des Anbauteils (C), der Dübellänge (B) und des Schraubendurchmessers (A).

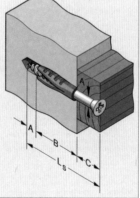

Bei der Durchsteckmontage wird der lange Rahmendübel durch den Montagegegenstand hindurch in das Bohrloch gesteckt.

loch verteilen und somit für größeren Halt sorgen. Kunststoffdübel halten naturgemäß am besten in Beton und Mauerwerk aus Vollstein, dort, wo das Material dem hohen Spreizdruck am besten standhält. In einer nachgiebigen Mörtelfuge hingegen hält ein Spreizdübel schlecht und im Hohlraum eines Lochziegels möglicherweise gar nicht. Bei Deckenbefestigungen wirken zudem sehr starke Zugkräfte.

Die Bohrung für den Dübel muss dem angegebenen Durchmesser entsprechen und so tief sein, dass sie Dübel und Schraube aufnehmen kann. Der Verputz einer Wand gilt nicht als tragfähig, dementsprechend muss die Bohrtiefe größer ausfallen und eventuell auch ein längerer Dübel verwendet werden. Nach dem Bohren muss das Bohrmehl aus

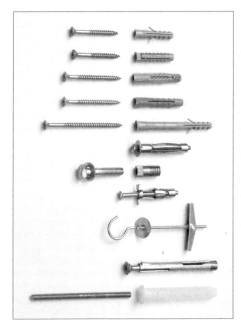

Oben die Mutter aller Spreizdübel. Darunter ein neuerer Dübel mit Dreifachspreizung, danach zwei Universaldübel, die auch in Lochsteinen halten, und ein deutlich längerer Durchsteckdübel für Rahmenbefestigung.

Die drei Spreizdübel aus Metall sind für Befestigungen an der Decke geeignet, auch der Kippdübel mit hakenförmigem Ende.

Die unteren beiden Dübel sind eine Ankerbefestigung mit Spreizkonus und ein Injektionsanker, der mit einem Zweikomponentenzement unlösbar in das Mauerwerk oder den Fensterrahmen eingesetzt werden kann.

dem Loch gepustet oder am besten mit einem Staubsauger herausgesaugt werden. Es reduziert andernfalls die Haltekräfte. Zur sicheren Dübelbefestigung gehört immer die passende Schraube . Die verwendbaren Schraubendurchmesser und -längen sind auf der Verpackung angegeben.

Bei Dübelbefestigungen in feuchten Räumen, wie Bad oder Keller, sollten nichtrostende Schrauben verwendet werden. Für sicherheitsrelevante Befestigungen, bei deren Versagen Lebensgefahr droht, müssen grundsätzlich bauaufsichtlich zugelassene Dübel verwendet werden.

SCHRAUBEN UND NAGELN

SCHRAUBEN

Schrauben unterscheidet man nach der Art des Gewindes, nach Durchmesser und Länge, sowie nach der Form des Kopfes und dem Antrieb.

Als Gewindeschrauben bezeichnet man Schrauben, die ein entsprechendes Gegengewinde (Innengewinde), zum Beispiel in Form einer Mutter benötigen. Holzschrauben verfügen zwar ebenfalls über ein Gewinde, welches jedoch selbstschneidend ist und das Gegengewinde beim Eindrehen erzeugt. Hier sind die dünnen Spanplattenschrauben (Spax-Schrauben) auf dem Vormarsch: Ihr Gewinde schneidet sich ohne Vorbohren in den Werkstoff. Bei den jeweiligen Dübelschrauben existieren beide Varianten: In Kunststoffdübel schneiden sich die Schrauben ihr Gewinde selbst, Metalldübel fungieren als großes Gegengewinde.

Kopfformen: Bei Arbeiten mit Holz und Holzwerkstoffen kommen vor allem Schrauben mit Senkkopf zum Einsatz. Sie lassen sich bündig in der Oberfläche des Werkstücks versenken. Deshalb beziehen sich die Längenangaben bei ihnen auf deren Gesamtlänge mit Kopf – im Gegensatz zu Schrauben, deren Köpfe über die Oberfläche heraus stehen. Diese, mit abgerundetem oder Sechskantkopf, kann man entsprechend schwer beziehungsweise komfortabel festziehen und lösen. Schrauben mit Halbrundkopf oder Linsenkopf werden vor allem zum Befestigen von (Tür-)Beschlägen, Schildern und Leisten benutzt.

Antriebe: Die häufigsten Antriebe bei Holzschrauben sind der klassische Flachschlitz sowie die Pozidriv-Kreuz-

Flachschlitz

Pozidriv-Kreuz-
schlitz

Phillips-Kreuz-
schlitz

Nur wenn die Schraubendreher-
klinge exakt zum Schrauben-
kopf passt, lassen sich auch
festsitzende Schrauben heraus-
drehen.

Einige der häufig verwen-
deten Gewindeschrauben:
Sechskantkopf, Inbus,
Zylinderkopf, Halbrund-
kopf, Senkkopf, Schloss.

Spanplattenschrauben
mit durchgehendem
und Teilgewinde.
Schrauben mit Teilge-
winde benutzt man zum
Befestigen von Leisten.

Nur mit den passenden
Schrauberbits lassen sich
Schrauben sicher drehen.
Von links: Innensechskant,
Flachschlitz, Pozidriv, Phillips-
Kreuzschlitz, Torx.

BITGRÖSSEN FÜR HOLZ- UND BLECH-SCHRAUBEN

Bit-größe	Schrauben-durchmesser	
	Holz (mm)	Blech (mm)
0	2,0	2,2
1	2,5–3	2,9
2	3,5–5	3,5–4,8
3	5,5–7	5,5–6,3
4	–	8,0–9,5

schlitzvariante. Sie hat steilere Flanken und zusätzliche Einkerbungen, die das Herausrutschen des Schraubendrehers verhindern sollen. Die Inbusschrauben mit ihrer Innensechskantform findet man häufig als Haltestift in Türklinken. Inzwischen werden auch in fast allen Baumärkten Torx-Schrauben angeboten, erkennbar am sechseckigen Stern mit runden Ecken: Sie können noch besser hohe Drehmomente übertragen.

SCHRAUBERBITS

Zum Schrauben mit dem Akkuschrauber benötigt man Schrauberklingen, kurz Bits genannt. Wie die Spitzen der Schraubendreher müssen auch die Antriebe der Klingen zu den Schrauben passen. Sie sollten deshalb entsprechend gekennzeichnet sein (zum Beispiel PH2 für einen Bit mit Phillips-Kreuzschlitz in der Größe 2 oder PZ3 für Pozidriv 3).

 FESTSITZENDE SCHRAUBEN LÖSEN

Bei Reparaturarbeiten trifft der Heimwerker oft auf Schrauben, die besonders fest sitzen. Bei leicht angerosteten Gewindeschrauben bewirkt etwas **Rostlöser** oft Wunder.

Fehlt die Kraft, um eine Schraube zu lösen, kann bei manchen Schraubendrehern ein **Schraubenschlüssel** auf einen Sechskant unter dem Griff gesetzt werden. Mit ihm lässt sich ein deutlich größeres Drehmoment erzeugen. Andere Schraubendreher haben ein Loch im Griff, das nicht nur zum Aufhängen dient. Hier kann ein weiterer Schraubendreher durchgesteckt werden, der einen entsprechenden Hebelarm bietet. Festsitzende Schlitzschrauben lassen sich oft lösen, wenn man den Schraubendreher schräg ansetzt und mit Hammerschlägen auf den Schraubendreher versucht, die Schraube in Drehung zu versetzen.

Bei minderwertigen Produkten ist das oft nicht der Fall. Zerstörte Schraubenköpfe oder schnell abgedrehte Bitspitzen sind dann oft die Folge. Bei teureren Bits sollen zusätzliche Beschichtungen das Herausrutschen oder Durchdrehen verhindern. Einige Schraubenhersteller liefern den passenden Bit zu ihren Schrauben übrigens gleich mit.

NAGELN

Wählen sie Größe und Art des Nagels passend zum Material und dem zu befestigenden Gegenstand.

Glatte Nägel mit geriffeltem oder glattem Kopf werden Drahtstifte genannt. Drahtstifte mit gestauchtem Kopf oder Leistenstifte lassen sich auch versenken (Senkstift) und überspachteln. Schraubnägel mit einem leichten Gewinde eignen sich besonders zum Verlegen von Dielen, Fußbodenplatten und Treppenstufen. Das Gewinde sorgt für einen hohen Auszugswiderstand und beugt dem Knarren vor.

Leim kann für die zusätzliche Festigkeit einer genagelten Verbindung sorgen. Man kann auch Werkstücke beim Verleimen mit Nägeln fixieren, um ein „Schwimmen" zu verhindern. Kurze Nägel mit abgekniffenem Kopf eignen sich sogar zum unsichtbaren Fixieren von Teilen für die Leimverbindung.

SÄGEN

Türen und Fenster müssen passgenau gefertigt sein. Für kleine präzise Arbeiten kann eine Stichsäge von Vorteil sein, für lange gerade Schnitte eignet sich eher eine Handkreissäge. Für beide Typen ist eine Führungsschiene eine nützliche Hilfe.

Stichsägen schneiden mit einer Hubbewegung, Kreissägen hingegen mit einem rotierenden Sägeblatt. Ketten- und

Bandsägen nutzen eine endlos umlaufende Sägekette beziehungsweise ein Sägeband. Alle Sägeblätter stumpfen nach einigem Gebrauch ab und müssen neu geschärft werden.

Sorgen Sie beim Sägen unbedingt für eine sichere Fixierung des Werkstücks. Am besten spannen Sie es mit Schraubzwingen auf einer Werkbank fest. Kleine Werkstücke lassen sich oft leichter auf einer Tischkreissäge oder mit einer in einen Sägetisch eingespannten Stichsäge bearbeiten.

Bedingt durch das Sägeprinzip einer Stichsäge (sie schneidet von unten nach oben) besteht die Gefahr, dass die obere Kante unschön ausreißt. Sägen Sie deshalb, wenn möglich, von der später nicht sichtbaren Seite. Andernfalls kann ein Spanreißschutz verwendet werden oder ein Spezialsägeblatt mit „verkehrter Zahnung": Dadurch

Der Fuchsschwanz dient zum Ablängen von Brettern und Leisten, die japanische Zugsäge schneidet schnell und effizient, benötigt aber Erfahrung. Die Feinsäge ermöglicht saubere, passgenaue Schnitte, und die kleine PUK-Säge dient zum Ablängen von Profilen und Rohren aus Metall und Kunststoff.

schneidet die Maschine von oben nach unten. Sie müssen die Stichsäge dabei gut andrücken, weil sie sonst hüpft.

Das A und O einer guten Schnittqualität ist immer die Wahl des richtigen Sägeblatts . Auch wenn manche Heimwerker bei der Handkreissäge nie das Sägeblatt wechseln, gilt hier ebenfalls, dass sich mit Spezialsägeblättern bessere Ergebnisse erzielen lassen. Diese werden für fast jeden Einsatzbereich angeboten und erfahrungsgemäß sollte man den Empfehlungen der Sägeblatthersteller durchaus folgen.

Je mehr Zähne ein Sägeblatt hat, desto besser wird die Schnittqualität. Ein brauchbarer Preis-Leistungs-Kompromiss sind Sägeblätter mit 24 bis 36 Zähnen. Als Faustregel für Massivholz gilt: Schnitte längs der Faser fertigt man am besten mit einem Sägeblatt mit grober Zahnung an. Für Querschnitte sind Sägeblätter mit feiner Zahnung zu empfehlen.

Für schräge Schnitte lässt sich die Handkreissäge auf der Grundplatte schwenken. Der Parallelanschlag erlaubt hier eine exakte Führung.

Auf der Führungsschiene gelingen gerade Schnitte mit einer Stichsäge leichter.

Die Handkreissäge sägt nicht nur Holz und Holzwerkstoffe, sondern auch Kunststoffe und Metalle.

WERKZEUGPFLEGE

Nur mit intaktem und scharfem Werkzeug lassen sich gute Arbeitsergebnisse erzielen. Zur Pflege gehört eine Behandlung nach dem Arbeiten ebenso dazu wie ein sicherer Aufbewahrungsort.

Werkzeuge, die mit Holz in Berührung kommen, sollten Sie nur ganz leicht mit einem öligen Lappen abreiben: Die Ölreste auf dem Werkzeug könnten Spuren auf dem Holz hinterlassen. Bei gezogenem Stecker können Harzrückstände an Sägeblättern mit etwas Spiritus entfernt werden.

Im Werkzeugkoffer sollten Sie ihr Werkzeug mit Schienen oder Hüllen schützen. Werkzeuge mit scharfen Schneiden wie Stechbeitel/Stemmeisen oder Bohrer sollen stets einzeln aufbewahrt werden, damit sich die Schneiden nicht gegenseitig beschädigen. Bohrer finden in einzelnen Hüllen oder Kassetten Platz. So sind sie immer griffbereit.

Achten Sie auf wackelige oder gerissene Werkzeuggriffe und tauschen Sie sie gegebenenfalls aus. Beim Abrutschen

Schützen Sie Ihr Werkzeugen mit Hüllen, die Sie beispielsweise aus Papierklemmleisten oder Installationsrohr zuschneiden können.

Die minimale Ausrüstung: Schutzbrille, bei Brillenträgern eine Überbrille, Handschuhe und Gehörschutz.

besteht Verletzungsgefahr . Elektrowerkzeuge mit beschädigtem Gehäuse oder defekten Kabel sollen auf keinen Fall benutzt werden, da ein elektrischer Schlag tödlich sein kann.

ARBEITSSCHUTZ

Über 300 000 Menschen im Jahr verunglücken in Deutschland beim Heimwerken. Das sind rund 830 Unfälle am Tag – vom Kratzer bis zum tödlichen Sturz. Die meisten Heimwerkerunfälle passieren mit Bohrmaschinen und Kreissägen.

Umsicht ist eine der wichtigsten Voraussetzungen, um Unfälle zu vermeiden. Denn schon rasiermesserscharfe Schneiden von Hobeln und Stechbeiteln, ebenso wie schnell laufende Sägeblätter und zersplittertes Glas bergen leicht zu unterschätzende Verletzungsgefahren.

Eine einfache Schutzausrüstung ist überraschend preiswert und leicht zu beschaffen. Die Investition wiegt schon kleinste Verletzungen und das damit verbundene Risiko gesundheitlicher Folgeschäden oder einem Arbeitsausfall auf.

Bei der Benutzung von Elektrowerkzeugen sind Schutzbrille und Handschuhe obligatorisch. Sie werden in den Warnhinweisen einer jeden Bedienungsanleitung erwähnt. Darüber hinaus sollte man einen Gehörschutz tragen. Die Gehörschäden, die sich oft erst nach Jahren oder im Alter bemerkbar machen, werden leider oft unterschätzt.

Werden schwere Teile wie ganze Türblätter oder größere Glasscheiben getragen, empfiehlt sich die Anschaffung von Sicherheitsschuhen mit einer Stahlkappe und einer Sohle, die von hochstehenden Nägeln nicht durchdrungen werden kann. Bei Arbeiten mit starker Staubentwicklung – auch Holzstaub gilt als gesundheitsschädlich – muss eine eng anliegende Staubmaske getragen werden. Die meisten billigen Einwegstaubmasken erfüllen leider nicht ihren Zweck, weil sie nicht eng genug sitzen.

TÜREN UND FENSTER

 TÜRENKAUF

Beim Türenkauf ist zwischen Innen- und Außentüren zu unterscheiden. Innentüren müssen nicht die hohen Anforderungen von Außentüren wie Wetterbeständigkeit und Einbruchhemmung erfüllen.

Bei Preisvergleichen ist zu berücksichtigen, dass Türen in der Regel ohne Beschläge angeboten werden.

Preiswerte Türen gibt es im Baumarkt. Alternativ dazu kann das Angebot eines Schreiners / Tischlers nicht schaden.

TÜREN

Beim Kauf neuer Zimmertüren sollte darauf geachtet werden, dass sie gut zum Stil des Hauses und zu den bereits vorhandenen Türen passen. In Altbauten wurden überwiegend Rahmentüren eingebaut, in modernen Häusern dagegen eher Sperrtüren. Sperrtüren haben glatte Türblätter, Rahmentüren verschiedene Füllungen – sie sind in der Regel teurer. Beide Versionen sind als Haus- und Zimmertüren erhältlich. Zimmertüren sind meist günstiger als Haustüren, weil diese nicht nur vor Wind und Wetter schützen müssen, ohne sich zu verziehen, sondern auch vor Einbrechern.

Rahmentüren bestehen aus zwei senkrechten und zwei oder mehr waagerechten Friesen. Sie umschließen Füllungen aus Sperrholz, Vollholz oder Glas. Angeboten werden Rahmentüren aus verschiedenen Massivhölzern, Echtholz furniert, kunststoffbeschichtet und/oder lackiert.

Sperrtüren besitzen einen leichten Holzrahmen, der auf beiden Seiten mit einer mehr oder weniger stabilen Platte verkleidet ist. Die Füllung zwischen Rahmen und Platten nennt der Fachmann Kern. Hier wird unterschieden nach leichtem, massivem, stabverleimtem und Lattenkern.

Die leichteste Ausführung hat einen Wabenkern aus Presspappe. Beim massiven Kern macht eine Spanplatte

Diese Rahmentür mit Doppel-
flügel weist eine Kombination
aus Glas- und Holzkassetten-
füllung auf. Die Glasfüllung
(der Lichtausschnitt) besteht
aus Ornamentglas. Sie wird
zusätzlich durch einen Spros-
senrahmen unterteilt. Den
oberen Schwung nennt der
Fachmann Karniesbogen.

Eine Rahmentür mit
klassischer Kassetten-
füllung. Zierleisten auf
den Rahmen heben
die Konturen hervor.

Eine Sperrtür, die in dieser
Kombination mit Seitenregal
und raumhohem Überbau
zum Beispiel als Windfang
dienen könnte.

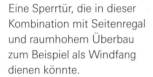

Maßfalttüren sind
platzsparend.

Ahornfurnierte Rah-
mentür mit passender
Zarge und Lichtaus-
schnitt.

die Tür schwerer und verbessert zudem ihre Feuerbeständigkeit. Der stabverleimte Kern besteht aus aneinander geleimten Holzleisten. Sie erhöhen sowohl die Feuerbeständigkeit als auch die Stabilität des Türblatts. Die Tür mit Lattenkern ist leichter als eine mit Spanplattenkern. Der Lattenkern weist eine Vielzahl waagerecht verlaufender Holzlatten auf. Bei einer weiteren Variante bestehen die senkrechten Rahmenteile aus dicken, profilierten Harthölzern, die es erlauben, auch nachträglich große Falze auszufräsen.

Auf dem Türblatt liegen eine Stil- und eine normale Garnitur, beide eloxiert und beide mit langem Türschild. Daneben eine Edelstahl- und eine klassische Kunststoffgarnitur mit Metallkern, beide mit separater Rosette.

Links im Bild: Einsteckschlösser / Einstemmschlösser mit Buntbart- (oben) und Zylinderschloss-Öffnung. Rechts oben: Einsteckschloss für WC-Tür; darunter: Sicherheitsschloss mit Spezialschließblech für Eingangs- / Wohnungstüren; links daneben: Einsteckschloss für Türen mit schmalen Rahmen.

Verschiedene Einbohr-(-Zier)bänder mit Zierhülsen zum Aufstecken (links), ein Hebeband (Mitte rechts) und Spezialband mit Laschen, das mit Stiften fixiert wird.

Das Verkleidungsmaterial für Rahmen und Kern reicht bei Sperrtüren von einfacher Hartfaser bis zu Edelholzfurnieren auf Sperrholz. Für Schlösser und Bänder besitzen alle Sperrtüren Verstärkungen. Ihre Standardmaße entsprechen denen der Rahmentüren.

Alternative Innentürkonzepte sind Falt- und Harmonikatüren – Harmonikatüren benötigen dabei keine untere Führungsschiene – sowie Ganzglastüren aus acht Millimeter dickem Sicherheitsglas.

Als **Türgarnituren** bezeichnet man den Türdrücker-/ knauf und die Schilde bzw. Rosetten. Sie ist auf das einzusetzende **Schloss** abzustimmen: Bei Zimmertüren werden meist die wenig sicheren Buntbartschlösser eingesetzt. Soll etwa das Arbeitszimmer besser gesichert werden, empfiehlt sich deshalb ein Schließzylinder, wie er üblicherweise in Haustüren eingesetzt wird. **Bänder und Scharniere** verbinden Tür und Türrahmen (Zarge) beweglich miteinander. Je nach Tür-Schließrichtung wird nach Links- und Rechtsbändern/-scharnieren unterschieden.

PIKTOGRAMME

Einige Hersteller haben Piktogramme entwickelt, mit denen sie die Eigenschaften ihrer Produkte beschreiben. Leider sind diese Symbole nicht einheitlich geregelt, sie sehen so oder so ähnlich wie hier dargestellt aus. Beim Kauf auf solche Hinweise zu achten ist allemal empfehlenswert. Diese Symbole bedeuten:

 Kratz- und abriebfest

 Stoßfest

 Hitzebeständig

 Pflegeleicht

 Weitgehend resistent gegen leichte Säuren und Laugen sowie haushaltsübliche Reinigungs- und Desinfektionsmittel

 Beständig gegen Zigarettenglut

SIE BRAUCHEN für das Abdichten der Türspalten:
- Reinigungsmittel zum Säubern der Klebeflächen
- Dichtungsmaterial und -elemente nach Wahl
- Haushaltsschere/ Cutter

SPALTEN ABDICHTEN (ZUGLUFT)

Ritzen und Spalten zwischen Türblättern und Zargen können erhebliche Wärmeverluste und damit einen unnötig höheren Energieverbrauch verursachen. Behoben werden kann das Problem durch den nachträglichen Einbau von Dichtungen. Einfache selbstklebende Dichtstreifen eignen sich eher für den (umlaufenden) Einsatz bei Türzargen. Bodendichtungen (unter Türen) sind technisch aufwendiger anzubringen. Sie arbeiten mit Magneten oder Druckfedern. Dabei wird beispielsweise beim Schließen der Tür die Dichtung automatisch auf den Boden gedrückt. Bei der magnetischen Variante ist unter dem Türblatt ein Magnetstreifen

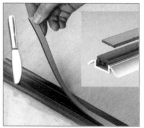  

1 Die magnetische Variante: Das Dichtungsprofil liegt lose im montierten Aluprofil. Der aufgelegte, selbstklebende Magnetstreifen wird bei geschlossener Tür mit einem Messer gleichmäßig gegen die (saubere) Türblattkante gedrückt.

2 Mit dem Einkleben des Dichtungsprofils in den Zargenfalz kann oben oder unten begonnen werden. Wichtig ist ein exaktes Ablängen. In den Ecken reicht es, wenn das Profil stumpf gestoßen wird, eine Gehrung ist nicht erforderlich.

3 Eine Bürstendichtung am Türblatt verhindert, dass kalte Luft einströmen kann. Die Dichtungen sind auf der Rückseite selbstklebend und müssen auf das vorbereitete Türblatt nur angedrückt werden.

aufgeklebt. Das Gegenstück ist als Profil im Boden einge-
lassen. Beide Teile ziehen sich nur an, wenn die Tür geschlossen ist. Sie schließen dann absolut dicht.

VOR DEM ABDICHTEN PRÜFEN

Vor dem Anbringen einer Dichtung ist zuerst zu prüfen,
ob das Türblatt exakt ausgerichtet in der Zarge sitzt und
nicht klemmt. Erforderliche Reparaturen oder Einstellarbeiten sind vor der Dichtungsmontage zu erledigen. Alle
Klebeflächen müssen sauber, trocken und tragfähig sein.

KLEMMENDE TÜREN REPARIEREN

SIE BRAUCHEN

für das Reparieren
klemmender Türen:
- Simshobel
- Schleifmittel
- Kohlepapier
- Innensechskant-
  schlüssel
- Türlack

Beim Auswählen von Türen ist zu berücksichtigen, dass das
Material und die Stabilität dem vorgesehenen Einsatzzweck
entsprechen. Nur so sind später unnötige Probleme wie
schleifende oder klemmende Türblätter zu vermeiden.

Passiert es dennoch, gibt es verschiedene Möglichkeiten
der Abhilfe. Erster Schritt ist die Analyse : Wo befindet sich
die Problemstelle, wodurch wird das Problem ausgelöst
und wie ist es zu beheben?

Sitzt die Tür überhaupt gerade im Rahmen? Am einfachsten ist das Problem zu lösen, wenn man die Stellung
des Türblatts an den Bändern justieren kann. Dies setzt
aber entsprechend verstellbare Türbänder voraus. Kleine
Korrekturen kann man auch mit einer Unterlegscheibe im
Band bewirken.

In einfachen Fällen hilft oft das Einschmieren der Kanten
mit Wachs oder Seife, um sie leichtgängiger zu machen.
Bei lackierten Türen ist häufig eine zu dick aufgetragene

Farbschicht der Auslöser. Sie muss dann abgeschliffen werden. Genügt diese Maßnahme, ist die Stelle sofort wieder dünn mit wenig Farbe zu streichen, damit das offenliegende Holz nicht aufquellen kann. Bei dickeren Belägen hilft nur ein Hobel.

 TÜR ABHOBELN

Wenn sehr viel Holz abzuhobeln ist, damit eine Tür richtig in ihre Zarge passt, wird das Türblatt so weit wie möglich geschlossen und die Menge des abzunehmenden Materials an den betreffenden Stellen angezeichnet. Beim (vorsichtigen) Abhobeln ist von außen nach innen zu arbeiten, damit die Außenkanten nicht wegbrechen.

1 Ein zu dicker Farbauftrag im Türblattfalz kann bewirken, dass Falle und Riegel des Einsteckschlosses / Einstemmschlosses nicht in das Schließblech im Türrahmen greifen können. Dann hilft nur das Entfernen mit einem Simshobel.

2 Mit einem in den Zargenfalz gehaltenen Blatt Kohlepapier lässt sich die klemmende Stelle genau ermitteln.

3 Die komfortabelste Möglichkeit, ein Türblatt zu justieren: verstellbare Bänder.

SCHIEF SITZENDE TÜREN RICHTEN

Die für Innentüren am weitesten verbreitete Befestigungsart ist die Aufhängung mit Hilfe von Einbohrbändern. Deren mit Gewinde versehene Einbohrzapfen werden in das Rahmenholz eingedreht. Diese Türen sind leicht auszuhängen, wenn einmal Reparaturen erforderlich werden.

Ebenso leicht sind so fixierte Türen auch zu justieren, da sich die Bänder weiter aus dem Futter heraus- oder hineindrehen lassen. Klemmt beispielsweise eine Tür im oberen Falz, schafft das Regulieren der Bänder am einfachsten Abhilfe. Dabei ist gewöhnlich das Lochteil am Türblatt einzu-

SIE BRAUCHEN für das Richten schief sitzender Türen:
- Stabiler Schraubendreher
- Kombizange
- Innensechskantschlüssel

1 Hier passt nichts mehr: Das Türblatt hängt völlig schief in seiner Zarge.

2 Mit einem Schraubendreher wird das Türband von innen so weit verdreht, bis das Türblatt wieder richtig in die Zarge passt. Auf keinen Fall von außen mit einer Zange arbeiten! Das gäbe hässliche Kratzer auf der Bandoberfläche.

3 Der lange Gewindedorn des Türbands lässt einen relativ großen Justierbereich zu.

stellen. Es kann allerdings auch vorkommen, dass das Rahmenteil reguliert werden muss. Mit ihm lässt sich einstellen, wie fest der Türfalz in der Zarge (im Futter) sitzt. Er wird – wie der Flügelteil auch – durch Aus- oder Eindrehen des Bandunterteils verstellt. Bei älteren Bändern wird dazu der Zapfen mit einer Zange gepackt, bei justierbaren Produkten reicht dazu ein Innensechskantschlüssel.

 VERZOGENE TÜREN

Größere Schwierigkeiten bereitet eine verzogene Tür. Hier ist zu prüfen, ob Falle und Riegel des Schlosses beim Schließen in das Schließblech greifen. Ist das nicht der Fall, kann meist durch Auffeilen der beiden Aussparungen im Schließblech Abhilfe geschaffen werden.

SIE BRAUCHEN für das Anheben von Türen:
- Ringe/Scheiben
- Hebebänder
- Schraubendreher/ Holzkeil
- Kombizange
- Innensechskantschlüssel
- Evtl. (Elektro-) Schleifwerkzeuge

TÜREN ANHEBEN ODER KÜRZEN

Eine fachgerecht eingesetzte Tür funktioniert normalerweise über viele Jahre hinweg problemlos, sofern sie nicht atypischen Belastungen ausgesetzt wird. Dennoch ist langfristig ein Verschleiß unvermeidlich. Der kann auch die Türbänder betreffen, die zum Beispiel mit der Zeit ausleiern und nachgeben. Das Ergebnis: Die Tür schleift beim Öffnen am Boden.

Eingelegte Ringe oder passende Scheiben lösen das Problem. Zu beachten ist hier lediglich der Spielraum zwischen oberem Tür- und Zargenfalz. Auch Hebebänder – sie lassen sich einfach gegen die normalen Bänder austauschen – sind eine schnelle Lösung. Bei ihrem Kauf ist auf Rechts- oder Linksanschlag der Tür zu achten.

Ein Ärgernis sind quietschende Türen. Sie werden ausgehängt und die Stifte der Bänder mit (wenig) Öl, Fett oder Vaseline geschmiert. Dabei eventuell vorhandene Scheiben beziehungsweise Ringe gleich mit behandeln.

Aufwendiger wird es, wenn ein neuer, zusätzlicher Bodenbelag vorgesehen ist. Ob das nun Teppichboden auf Fliesen oder Dielen oder Laminat auf Teppichboden ist: Ein Kürzen des Türblatts ist dann nicht mehr zu vermeiden.

SCHWERE TÜRBLÄTTER

Schwere Türblätter, die kaum auszuhängen sind, werden mit einem Holzkeil oder einem stabilen Schraubendreher leicht angehoben und dann die Bänderstifte wie beschrieben versorgt.

1 Hebebänder heben ein Türblatt beim Öffnen kontinuierlich bis zum möglichen Maximum an. Ein Kürzen des Türblatts ist deshalb in den meisten Fällen nicht erforderlich.

2 Eine einfache Methode, eine Tür anzuheben, ist das Einlegen von passenden Ringen (Scheiben). Das muss aber bei beiden Türbändern (oben und unten) geschehen, sonst muss ein Band das gesamte Türgewicht tragen.

3 Bei einem neuen Bodenbelag (zum Beispiel Laminat) reichen weder Hebeband noch eingelegte Ringe. Hier ist das Türblatt ganz zu kürzen. Markiert wird mit einem weichen Bleistift. Die Höhe geben ein Stück des neuen Belags und eine fünf bis sechs Millimeter dicke Zulage aus Restholz vor.

KRATZER BESEITIGEN

für das Beseitigen
von Kratzern:
- Schleifmittel
- Scharfes Messer/
  Cutter
- Reparaturwachs-
  stange
- Wasser- oder Öl-
  farbe
- Retuschierstift
- Malpinsel
- Sprühlack

Ausbesserungen an beschädigten Türoberflächen sollten möglichst wenig auffallen.

Für eher oberflächliche Schäden gibt es Retuschierstifte. Sie werden in allen gängigen Holzfarben angeboten. Ein dünner Lacküberzug fixiert zum Schluss die behandelte Stelle.

Eine Reparaturwachsstange mit dem hellsten Holzton und eine Tube Künstlerfarbe, die den dunkelsten Ton der Maserung trifft, helfen größere Probleme zu lösen. Die schadhafte Stelle wird nach dem Auskratzen durch das Auspinseln mit Terpentinölersatz oder einen Staubsauger mit Feindüse vollständig gesäubert.

Das Reparaturwachs lassen Sie durch Erhitzen in die Vertiefung tröpfeln. Nach dem Aushärten wird die Oberfläche mit einer Rasierklinge abgezogen und dann mit dem Finger sorgfältig glatt gestrichen.

1 Die Reparatur von oberflächlichen Schäden (zum Beispiel kleinen Kratzern) stellt heute kaum noch ein Problem dar.

2 Mit einem farblich passenden Retuschierstift wird nur der Kratzer sorgfältig abgedeckt.

3 Die Reparaturstelle erhält einen Schutzfilm aus farblosem Glanz- oder Mattlack. Für ausreichende Belüftung sorgen. Nach der Behandlung ist der Schaden so gut wie nicht mehr zu erkennen.

Das Nachbilden der Maserung erfordert eine spezielle Maltechnik. Der feine Pinsel wird in die aus der Tube gedrückte Farbe getaucht und auf Papier abgestreift, bis die Borsten fast trocken sind. Jetzt folgen Striche, die die Maserung wieder schließen.

Damit die Ausbesserung haltbar bleibt, erhält die Stelle zum Schluss einen passenden, dünnen Überzug mit dem Sprühlack.

 SANFT STARTEN

Bei großflächigen, leichten Schäden (stumpfe Oberfläche, kleine Kratzer) empfiehlt es sich, mit dem schonendsten Ausbesserungsverfahren zu beginnen: Wachspolitur, Terpentinöl, Firnis auftragen und blank reiben. Erst wenn dies erfolglos bleibt, wird die Fläche mit feiner Stahlwolle (in Petroleum oder Leinöl getaucht) in Faserrichtung abgerieben. Verkratzte Stellen bearbeiten Sie dabei besonders gründlich. Danach das überschüssige Öl mit einem sauberen Tuch entfernen und trocken nachreiben.

TÜRDRÜCKER ERNEUERN ODER AUSWECHSELN

Türen im Wohnbereich werden vorwiegend durch Einsteckschlösser/Einstemmschlösser verschlossen. Zur Betätigung des Schlosses ist eine sogenannte Drückergarnitur erforderlich. Denn was der Laie als Türklinke, Türgriff oder Türschnalle bezeichnet, nennt der Fachmann Drücker.

Eine handelsübliche Drückergarnitur besteht aus den beiden Türschilden und dem Drückerpaar. Statt des Drü-

SIE BRAUCHEN

für das Erneuern/ Auswechseln von Türdrückern:

- Schraubendreher
- Hammer
- Austreiber
- Vorstecher
- Türdrücker

ckers kann auch ein Drehknopf montiert werden. Er ist allerdings nur mit einigem Kraftaufwand und damit umständlicher zu bedienen.

Die Türschilde gibt es als Lang- und Kurzversion. Im Türschild befindet sich die runde Aufnahme des Drückers (in der Regel kunststoffgelagert) und das Schlüsselloch beziehungsweise die Aussparung für den Rund- oder Profilschließzylinder, als Lochung bezeichnet.

Die beiden Türdrücker werden durch einen Haltestift oder eine Innensechskantschraube verbunden. Dabei wird der Vierkantstift durch die Nuss des Einsteckschlosses gesteckt.

Die angebotenen Stilrichtungen, Formen, Farben und Materialien sind vielfältig. Unterschiedliche Türkonstruktionen erfordern verschiedene Einsteckschlösser. Die relevanten Maße (Abstand zwischen Vierkant und Schlossausspa-

1 Um die alte Drückergarnitur demontieren zu können, wird zunächst der Haltestift entfernt.

2 Nachdem der Türgriff abgezogen ist, wird das Langschild gelöst und von der anderen Seite der Vierkant herausgezogen.

3 Der Abstand zwischen Vierkant und Schloss ist genormt, es gibt aber unterschiedliche Normmaße dafür. Ein intaktes Einsteckschloss/Einstemmschloss muss nicht ausgebaut werden.

rung, Dornmaß) sind vor dem Austausch deshalb zu überprüfen. Zu beachten ist dann auch, ob die neuen Schilde
die Schraublöcher der alten verdecken. Ein intaktes Einsteckschloss kann erhalten bleiben.

Nehmen Sie für den Einkauf neuer Drückergarnituren
am besten die alten mit, damit Sie die Abmessungen vor
Ort vergleichen können!

EINSTECKSCHLOSS AUSWECHSELN

Einsteckschlösser sind – anders als Kastenschlösser – die
zweckmäßigste und vor allem unauffälligste Form des
Schlosses für jede Tür, weil sie in einer Ausfräsung oder
Aussparung im Türblatt untergebracht sind.

In Zimmertüren werden meist Buntbartschlösser verwendet, die aber aufgrund der geringen Anzahl möglicher
Schließungen und der leichten Manipulierbarkeit nicht sehr
sicher sind. Auch die Zahl der verschiedenen Bartformen ist
bei der Art der hier verwendeten Schlüssel ziemlich be-
grenzt.

Einsteckschlösser sind mit Falle und Riegel versehen.
Die Falle wird durch den Drücker, der Riegel durch den

SIE BRAUCHEN für
das Wechseln eines
Einsteck-/Einstemm-
schlosses:
- Schraubendreher
- Bleistift
- Schmalen Beitel/
  Stemmeisen
- Einsteckschloss

◤ NORMGRÖSSEN

Es gibt bei den Einsteckschlössern verschiedene Norm-
größen. Deshalb bei einem notwendigen Neuerwerb
die Daten und Maße des alten Schlosses bereit halten
(beispielsweise Nuss, Falle, Lochung, Kasten- und Dorn-
maße) oder das alte Einsteckschloss zum Einkauf einfach mitnehmen.

1 Nach dem Entfernen von Drückergarnitur und den Schrauben am Langblech (Stulp) lässt sich das alte Einsteckschloss herausziehen.

2 Das neue Einsteck-/Einstemmschloss hat hier einen anders geformten Stulp. Mit einem sehr scharfen, schmalen Beitel oder Stemmeisen wird innerhalb der Markierung das überschüssige Holz sorgfältig entfernt.

3 Nachdem Türschild und Drückerganitur montiert sind, wird auch das Einsteck-/Einstemmschloss endgültig mit zwei Schrauben fixiert.

Schlüssel betätigt. Schlösser mit Wechsel erlauben auch eine Betätigung der Falle mit dem Schlüssel.

Die meisten Einsteckschlösser/Einstemmschlösser sind zweitourig. Das heißt, eine zweite Drehung des Schlüssels schiebt den Riegel noch weiter in das Schließblech hinein. Das Schließblech befindet sich in der Türzarge.

Schwergängige Schlösser können mit feinem Öl behandelt werden. Zum Schmieren des Schlosses am besten feines Schmieröl, für Falle und Riegel Gleitstoffe in Sprayform verwenden, weil sie besser haften. Die Schmiermittel immer nur sehr sparsam einsetzen.

SCHLIESSZYLINDER WECHSELN

Schließzylinder bieten einen höheren Sicherheitsstandard als Buntbartschlösser. Deshalb werden sie meist bei Wohnungs- oder Haustüren eingesetzt, aber es gibt durchaus auch Gründe, Türen innerhalb einer Wohnung mit ihnen auszurüsten, wie in unserem Beispiel bei einem Arbeitszimmer.

Schließzylinder werden aufgrund ihrer äußeren Form nach Profil-, Rund- und Oval-Kurzzylindern unterschieden. Zu beachten ist also, dass der Türschild der vorgesehenen Drückergarnitur die exakt passende Lochung für den eingebauten Schließzylinder haben muss.

SIE BRAUCHEN

für das Wechseln eines Schließzylinders:
- Schraubendreher
- Passenden Schlüssel
- Schließzylinder

1 Durch das Lösen der langen Gewindeschraube wird der Schließzylinder frei beweglich. Zum Herausziehen den Schlüssel leicht schräg stellen.

2 Der Zylinder wird am Schlüssel, ohne den der Schließriegel nicht in die erforderliche Stellung gebracht werden kann, herausgezogen.

3 Der Einbau den neuen Zylinders erfolgt in umgekehrter Reihenfolge. Um das Gewindeloch im Zylinder mit der Schraube treffen zu können, muss der Zylinder möglicherweise leicht hin- und herbewegt werden.

Damit bei Verlust oder Diebstahl des Schlüssels nicht das ganze Schloss ausgewechselt werden muss, ist der Schließzylinder immer unabhängig vom Einsteckschloss erhältlich. Er wird in die untere Aussparung im Einsteckschlosskasten gesteckt und von einer durch den Stulp geführten langen Gewindeschraube fixiert.

 KOPIERSCHUTZ

Bei einem Schließzylinder für eine Außentür ist darauf zu achten, dass er in der Tür weder aufgebohrt noch einfach abgebrochen werden kann. Das beste Schloss nützt aber wenig, wenn Unbefugte einen Schlüssel leicht kopieren lassen können.

Geschützte Schlüsselprofile sind weitgehend gegen eine solche Nachahmung gefeit. Auch bei Schließanlagen ist nicht ohne weiteres ein Nachschlüssel zu bekommen.

FLIEGENGITTER IM TÜRRAHMEN ANBRINGEN

SIE BRAUCHEN für das Anbringen eines Fliegengitters:

- Zollstock
- Reinigungsmaterial für die Klebeflächen
- Haushaltsschere
- Cutter
- Fliegengitter-Set

Fliegengitter schützen zuverlässig vor Insekten, ohne die Frischluftzufuhr zu unterbinden. Sie werden in Weiß, Braun und Anthrazit angeboten, wobei letzteres unauffälliger wirkt.

Fliegengitter für Türen sind – anders als für Fenster – senkrecht geteilt. Das leichte Öffnen der Bahnen ermöglicht das ungehinderte Durchgehen. Formstabilisierende Gewichte am unteren Rand sorgen dafür, dass die Bahnen sofort wieder in ihre ursprüngliche Position zurückkehren.

1 Dies gehört zu einem Fliegengitter-Set, das Türöffnungen abschirmt: das Gitternetz, das Klettband und Gewichte, die dafür sorgen, dass die beiden Gitterbahnen schnell in ihre ursprüngliche Lage zurückkehren.

2 Jede der beiden Tüllgewebebahnen wird oben und seitlich auf dem Klettband fixiert.

3 Das Durchgehen ist unproblematisch. Danach fallen die Bahnen einfach von selbst wieder zurück.

Zum Verkleben des Klettbands müssen die Untergründe sauber, trocken, tragfähig und fettfrei sein. Um den Eingangsbereich optimal zu schützen, sollten die beiden Seiten des Fliegengitters am oberen Rand etwas überlappen (siehe Bild 3). Das Gittertüllgewebe kann auch nachträglich vorsichtig vom Klettband gelöst werden und bei 30 °C gewaschen werden: Es ist mehrfach verwendbar.

FENSTER

Fenster lassen Tageslicht herein und trotzen dennoch Wind und Wetter, dienen zum Lüften und sollen vor Lärmbelästigung, Wärmeverlust und Einbruch schützen. Erhältlich sind Fenster aus Holz, Aluminium, Kunststoff oder einem Mix aus diesen Materialien.

Holzfenster weisen die älteste Tradition auf. Kiefer (besonders die nordischen Sorten) ist für innere und äußere Fensterteile geeignet, Tanne und Fichte sollten wegen ihrer Witterungsanfälligkeit nur für innere Teile verwendet werden. Mit einer Imprägnierung lässt sich das allerdings beheben. Laubhölzer wie Eiche werden zwar auch eingesetzt, sind aber sehr teuer. Tropische Hölzer (zum Beispiel Mahagoni, Meranti) sind zwar oft beständiger gegen Feuchtigkeit und Schädlinge, stammen aber oft aus reinem Raubbau. Die immensen dabei angerichteten Schäden rechtfertigen keinesfalls den geringen Preisvorteil.

Kunststofffenster sind pflegeleicht und besitzen eine gute Wärmedämmung; sie bestehen meist aus PVC (Polyvinylchlorid). Heute werden vorwiegend Kunststoffprofile mit Stahlarmierungen hergestellt.

Fenster aus Aluminiumprofilen sind stabil und beständig. Da das Material jedoch Wärme sehr gut leitet, werden innen und außen liegende Fensterteile voneinander entkoppelt.

Verzinkte Stahlfenster in kleinen Dimensionen werden mit Einmauerrahmen, Einscheibenverglasung und gelochten Metallläden als Komplett-Kellerfenster hergestellt. Einfache kleine Kunststofffenster (meist als Mehrzweckfenster im Handel – auch mit Isolierverglasung) werden ebenfalls häufig für Kellerräume verwendet.

Vom konstruktiven Aufbau her wird nach beweglichen und festverglasten Fenstern unterschieden. Die gebräuchlichsten Wohnraumfenster sind Dreh-, Kipp- und Drehkipp-

Wohndachfenster sollen (einbruch-)sicher und komfortabel in der Bedienung sein. Hier eine Kombination aus Schwing- und Klapp-Schwingflügel. Alle Fensterfunktionen werden über nur einen Griff gesteuert.

Wärmeschutzverglasungen verringern den Wärmeverlust nach draußen. Die richtige Verglasung spart im Jahr bis zu 36 Liter Heizöl pro Quadratmeter Fensterfläche.

Holzfenster sollten aus hochwertigem Rohmaterial hergestellt sein.

Je mehr Kammern ein Kunststofffenster aufweist, desto besser ist seine Wärmedämmfähigkeit. Drei Kammern im Kunststoffprofil gelten heute als Standard. Spitzenprodukte sind mit vier Kammern ausgerüstet.

Fenstertüren (hier mit klappbarem Oberlicht) erlauben den Zugang zu Balkon und Terrasse, sorgen für nahezu ungehinderten Lichteinfall und schließen trotzdem einen Raum klimatechnisch ab.

WÄRMESCHUTZ-VERORDNUNG

Die Verordnung ist in diesem Zusammenhang wichtig. Ihre Ziele sind die deutliche Verringerung des Heizenergieverbrauchs und damit eine wesentliche Reduzierung der CO_2-Emissionen. Dabei kommt dem Werkstoff Glas eine besondere Bedeutung zu.

flügelfenster. Bei Wohndachfenstern sind es Schwing-, Klappschwing- und Hebeschiebeflügelfenster. Alle Varianten werden nach Dreh- und Kipprichtung (links oder rechts, innen oder außen) unterschieden.

Die Verglasung von Fenstern besteht heute fast ausschließlich aus Wärmeschutzglas. Bei der Fertigung werden zwei oder mehr Scheiben mit einem luft- oder gasge-

Auch Kunststofffenster können mit Sprossen ausgerüstet werden:

Sprosse im Scheibenzwischenraum

Einseitig aufgesetzte Sprosse

Aufgesetzte Sprosse mit Abstandhaltern

Schwenkbarer Vorsatzsprossenrahmen

füllten Zwischenraum luftdicht zu wärmedämmenden Gläsern verbunden.

Einfachverglasungen – heute äußerst selten – werden mit Tafelglas (1,8 bis 3,8 Millimeter dick) ausgeführt. Große Fensterflächen werden mit Dickglas (4,5 bis 6,5 Millimeter dick, in Sonderfällen bis 13 Millimeter) versehen.

Schallschutzfenster werden mit Zwei- oder Dreifachverglasung angeboten. Auch Verbundfenster (Doppelfenster) lassen sich als Schallschutzfenster einsetzen. Dabei müssen die Scheiben möglichst dick, untereinander aber nicht gleich dick sein.

In der Vergangenheit wurde bei Fensterglas und -rahmen oft nur vom Wärmeverlust (k-Wert = Wärmedurchgangskoeffizient, heute U-Wert = „Unit of heat-transfer") gesprochen. Heute werden auch die Wärmegewinne (g-Wert = Energiedurchlassgrad) berücksichtigt, die kostenlos durch die Einstrahlung der Sonne entstehen. Ein

FENSTERKAUF

Beim Kauf von Fenstern sollten Sie darauf achten, dass die Beschläge bereits montiert beziehungsweise integriert sind. Müssen sie noch nachträglich angebracht werden, ist dies mit einem wesentlich größeren Aufwand verbunden und meist sogar Sache eines Fachmanns.

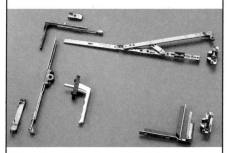

Diese Beschläge sind erforderlich, um aus einem einfachen Fensterflügel ein verriegelbares Drehkippfenster zu machen.

typischer g-Wert für eine Zweischeiben-Isolierverglasung von 0,6 bedeutet beispielsweise, dass 60 Prozent des eingestrahlten Sonnenlichts ins Innere des Raumes gelangen. Der Rest wird reflektiert oder von der Scheibe absorbiert. Je höher der g-Wert und je kleiner U-Wert, desto größer ist der Wärmegewinn im Innenraum.

Beschläge werden üblicherweise mit bestellten neuen Fenstern mitgeliefert. Interessant für eine Nachrüstung zum Schutz gegen Einbrecher sind Sicherheitsbeschläge wie abschließbare Fenster- und Fenstertürgriffe, Hebe- und Hebe-Schiebetürschlösser, Schwenkriegel- und Bolzen-Fensterschlösser (→ Seite 117 f.) sowie Rollladensicherungen.

Bezeichnungen der wichtigsten Grundformen und Öffnungsarten von Fenstern und Fenstertüren
(D = Dreh, K = Kipp):

Festelement

DK-Fenster

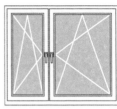

DK-DK asymmetrisch

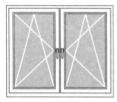

DK-DK symmetrisch

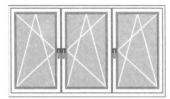

DK-DK-DK

DK mit
K-Oberlicht

Festelement

DK-Fenster-
tür

Schiebekipp-
Fenstertür

Hebeschiebe-
kipp-Fenstertür

DK-Rundbogen

DK-Korbbogen

DK-Stich-
bogen

DK mit Pass-
stück

DK schräg

Festelement
Dreieck

FENSTERDICHTUNGEN ANBRINGEN

Fenster, die schlecht schließen, haben einen permanenten Wärmeverlust zur Folge, der auf Dauer recht teuer werden kann. Für Abhilfe sorgen Dichtungsstreifen, die in den Rahmenfalz geklebt werden. Es gibt sie aus Schaumstoff, Filz, Gummi und Kunststoff.

An der Scharnierseite wird der Streifen so angebracht, dass er beim Schließen gequetscht und nicht verschoben wird. Die drei übrigen Dichtungsstreifen werden in den inneren Flügelanschlag geklebt. In allen Fällen müssen die Streifen lückenlos bis in die Ecken und ohne Ziehen angebracht werden. Sonst würde sich die Klebefläche durch die entstehende Spannung wieder lösen.

Risse, die sich zwischen Fensterrahmen und Mauerwerk gebildet haben, werden mit einer dauerelastischen Fugen-

SIE BRAUCHEN für das Anbringen von Fensterdichtungen:
- Reinigungsmittel zum Säubern der Klebeflächen
- Dichtungsmaterial
- Haushaltsschere/ Cutter
- Glas-Silikon

1 Der Dichtungsstreifen wird fest gegen den (sauberen und staubfreien) Fensterfalz gedrückt und das Schutzpapier erst während der Arbeit nach und nach vom Gummi abgezogen.

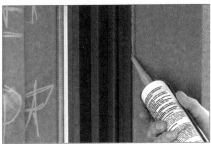

2 Die Fuge zwischen Türzarge und Mauerwerk wird mit (farblich passendem) Silikon abgedichtet.

FENSTERFUNKTION PRÜFEN

Vor dem Anbringen einer Dichtung ist zuerst zu prüfen, ob sich der Fensterflügel problemlos im Rahmen bewegen lässt und nicht klemmt. Erforderliche Reparaturen oder Einstellarbeiten sind vor der Dichtungsmon- tage zu erledigen. Alle Oberflächen müssen sauber, trocken und tragfähig sein.

dichtmasse geschlossen und anschließend mit dem (in Seifenlauge getauchten) Finger geglättet. Bei breiteren Fugen sind zunächst alle losen Schmutzpartikel zu entfernen. Bei schmalen Rissen kann auf das Säubern der Schadstelle verzichtet werden.

3 Fensterschutzdichtungen leiden durch Schmutz, Versprödung und Alterung. Sie sollten deshalb beim Fensterputzen regelmäßig mit gereinigt und kontrolliert werden.
Um sie geschmeidig zu halten, können Sie gelegentlich mit etwas Grafit eingerieben werden. Von Silikonspray ist abzuraten, weil es sich von Glasscheiben und Fensterrahmen nur sehr mühsam wieder entfernen läßt.

SIE BRAUCHEN für
Glasarbeiten:
- Zollstock
- Beitel/Stemmeisen
- Schutzbrille
- Distanzklötzchen
- Passende Leisten
- Isolierglas
- Kreppband
- Glas-Silikon

GLASARBEITEN

Neben dem notwendigen Austausch einer zerbrochenen Scheibe dürfte – besonders bei Altbauten – eine verbesserte Wärmedämmung ausschlaggebend für Glasarbeiten sein. Der Austausch von Einfach- gegen Isolierglas ist nur möglich, wenn der Fensterrahmen breit genug und in der Lage ist, die zusätzliche Last zu tragen. Bei gut erhaltener Einfachverglasung (keine Kratzer, Dichtungsmaterial intakt) ist eine Vorsatzscheibe, die innen am Rahmen fixiert wird, die preiswertere Lösung.

1 Den Fensterflügel mit dem Glasbruch aushängen und die Glasstücke entfernen (eventuell noch weiter zerkleinern). Dabei sind Arbeitshandschuhe und Schutzbrille obligatorisch!

2 Mit einem scharfen Beitel/Stemmeisen werden alle Glas-, Kitt- oder Silikonreste entfernt.. Dabei ist eine Beschädigung der Rahmenhölzer möglichst zu vermeiden.

3 Beim Einbau einer Isolierverglasung ist der alte Fensterrahmen zu verbreitern. Dazu werden umlaufend passende Leisten aufgedoppelt.

4 In den breiteren Rahmen werden seitlich und unten Distanzteile eingelegt (im Handel erhältlich). Sie müssen so breit wie das Isolierglas sein.

5 Das exakt passende Isolierglas wird in den so vorbereiteten Rahmen eingesetzt.

6 Die Fugen zwischen Rahmen und Glaseinsatz werden abgedichtet. Ungeübte kleben dazu die Scheibe und den Rahmen mit Kreppband ab. Das Silikon mit einem in Seifenlauge getauchten Zeigefinger glätten.

OBERFLÄCHENSCHÄDEN AUSBESSERN

für das Ausbessern von Oberflächenschäden:
- Scharfes Messer/ Cutter
- Schleifmittel
- Spachtelfarbe
- Holzkitt
- Farblich passender Fensterlack

Ausbesserungen an lackierten Fensterrahmen sollen möglichst nicht auffallen. Die Behandlung richtet sich nach der Tiefe des Schadens.

Bei einer oberflächlichen Beschädigung, die nicht bis in das Holz reicht, genügt leichtes Anschleifen mit feinem Schleifpapier und das anschließende farblich passende (dünne) Lackieren.

Bei tiefen Kratzern wird die Stelle grob angeschliffen, um auch möglicherweise an den Rändern entstandene Wülste zu entfernen. Nachdem der Schleifstaub sorgfältig entfernt ist, wird die Vertiefung mit Spachtelfarbe (Lackspachtel) gefüllt. Nach deren völligem Aushärten erfolgt mindestens ein Endlackauftrag.

 ALTE FARBE

Bei großflächigen Lackschäden auf Holzrahmen ist es meist unumgänglich, den kompletten Anstrich zu entfernen – durch Abbeizen oder Abschleifen. Bei Isolierglas kein Heizluftgebläse verwenden, es kann die Isolierverglasung springen lassen!

Die Farbreste sind in beiden Fällen mit einem Farbkratzer (Dreieck- oder Kombischaber) zu entfernen. Danach wird ein komplett neuer Anstrichaufbau erforderlich.

Das bedeutet: Glattschleifen, Grundierung, Vor- und Endanstriche – jeweils mit Zwischenschliffen.

1 Mit einer scharfen Klinge wird die Farbe im Bereich des Schadens vorsichtig entfernt, um die Tiefe des Schadens festzustellen. Bei tiefreichenden Schäden ist ein Auffüllen mit Lackspachtel unerlässlich.

2 Bei oberflächlichen Beschädigungen reicht ein sorgfältiges Abschleifen der Schadstelle und der direkten Umgebung.

3 Nach dem Entstauben wird eine Grundierung dünn aufgetragen und nach dem Trocknen geschliffen. Dann erfolgt (ebenfalls sehr dünn) der Endanstrich.

ALTE RAHMENTEILE RESTAURIEREN

Beim Restaurieren eines Holzfensterrahmens ist zu kontrollieren, ob Feuchtigkeit zwischen Verglasung und Rahmen eindringen kann. Eventuell müssen alte Dichtungsreste (spröder Kitt, sich lösende Silikonversiegelungen) entfernt und nach Behandlung des Holzes erneuert werden.

Wetterbedingte Risse im Holz sind recht einfach zu behandeln, sofern der Rahmen selbst erhalten werden kann. Mit einem Spachtel werden Farbreste und Schmutz entfernt, die Risse ein wenig erweitert und die Kanten eingeritzt, damit das Füllmaterial gut haftet. Dann wird Holzkitt

SIE BRAUCHEN

für das Restaurieren alter Rahmenteile:
- Spachtel
- Schleifmittel
- Reparaturwachs
- Holzkitt
- Grundierung
- Streich- oder Sprühlack

STÜCKWERK

Partielle Holzschäden an einem Fensterrahmen, die so groß sind, dass sie sich nicht mehr mit Kitt beheben lassen, aber nicht den gesamten Rahmen betreffen, erfordern mehr Aufwand als Kratzer oder Risse. Der beschädigte Teil ist so zu entfernen, dass im gesunden Holz exakt gerade Flächen entstehen. Dazu ist ein optimal geschärfter Beitel (Stemmeisen) erforderlich. Dann wird ein präzise passendes Füllstück der gleichen Holzart möglichst fugenlos eingeleimt und nach dem Abbinden des Leims flächenbündig geschliffen, lasiert und klarlackiert.
Bei deckendem Anstrich können Unebenheiten noch durch Spachtelfarbe kaschiert werden.

auf Kunststoffbasis (oder ein anderes geeignetes Material) in die Risse gestrichen. Sobald die Masse ausgehärtet ist, flächenbündig abschleifen und anschließend grundieren.

Bei sehr großen oder tiefen Rissen ist das Füllmaterial in mehreren dünnen Schichten aufzubringen. Jede Schicht muss vor dem Auftragen der nächsten völlig durchgetrocknet sein.

1 Bei solchen Rissen genügt es, mit einem 120er Schleifpapier den Rahmen zu säubern.

2 Alle Risse werden mit farblich passendem Holzkitt gefüllt. Da Holzkitt beim Trocknen einschrumpfen kann, ist die Behandlung eventuell zu wiederholen.

3 Die restaurierten Rahmenteile werden vor der Endlackierung (zwei Schichten) grundiert. Grundierung und erster Lackauftrag werden durch Zwischenschliff geglättet. Es kann auch sinnvoll sein, gleich den gesamten Rahmen mit zu streichen.

RAHMENFARBE AUFFRISCHEN

Besonders bei lackierten Außenfenstern mit Holzrahmen sind Renovierungsanstriche unvermeidbar. Wenn der angeschliffene Untergrund tragfähig genug ist, reicht ein zweimaliger Auftrag mit Alkyd- oder Acrylharz-Fensterlack (mit Zwischenschliff).

Blättert der alte Lack an den meisten Stellen ab, hilft nur eine Radikalkur: komplett abbeizen, mit Bläueschutzmittel imprägnieren, je ein Vor- und Zwischenanstrich mit Grundfarbe sowie ein Endauftrag mit Alkyd- oder Acrylharzlack.

SIE BRAUCHEN

für das Auffrischen der Rahmenfarbe:
- Schleifmittel
- Abklebeband
- Diverse Pinsel
- Alkyd- oder Acrylharz-Fensterlack

1 Vor dem neuen Lackauftrag werden alle lackierten Holzteile sorgfältig angeschliffen. Darauf achten, dass das Glas keine Kratzer bekommt.

2 Selbst für im Umgang mit dem Pinsel Geübte ist es oft einfacher, die Glasfelder abzukleben. Das ist zwar zeitaufwendig, erspart aber nachher das lästige Abkratzen der Farbe.

3 Die neue Farbe wird mit einem Rundpinsel auf die Sprossen und den Rahmen des Fensters aufgetragen. Wenn sie angezogen hat, werden die Klebestreifen wieder entfernt. Nicht warten, bis die Farbe vollkommen durchgetrocknet ist, da sie an den Klebestreifen hängen bleiben und einreißen könnte.

GLATT LACKIEREN

Unebenheiten im Lackauftrag lassen sich vermeiden, indem der Pinsel immer nur zu einem Drittel in die Farbe eingetaucht und überschüssiges Material gut abgestreift wird.

Unebenheiten auf einer frisch lackierten Fläche (Laufnasen, Tropfen, Wellen) können erst im abgetrockneten Zustand beseitigt werden: Mit feinkörnigem Schleifpapier (öfters erneuern) abschleifen und noch einmal sehr dünn überlackieren.

KUNSTSTOFFFENSTER STREICHEN

SIE BRAUCHEN für das Streichen von Kunststofffenstern:
- Reinigungsmittel
- Abklebeband
- Schleifpapier
- Diverse Pinsel
- Spezialgrundierung
- Acryllack

Wenn reinigen nichts mehr bringt, kann man hässliche Kunststofffenster mit ein- oder zweikomponentigen Acryllacken auffrischen. Dazu sind nach sorgfältigem Anschleifen (180er bis 240er Körnung) und einer gründlichen Reinigung je ein Grundierungs-, Zwischen- und Schlussanstrich nötig.

Nach der Reinigung werden das Glas und die offen liegenden Gummidichtungen sauber abgeklebt. Die Dich-

 LACKWAHL

Bei lösemittelhaltigen Lacken ist unbedingt für eine gute Durchlüftung zu sorgen. Wasserhaltige Lacke sind weniger gesundheitsschädlich, brauchen aber länger zum Durchtrocknen.

Diese Arbeiten deshalb am besten im Sommer bei stabilem Wetter machen, wenn die Luft sauber ist.

tungen können sonst durch die Lacke angegriffen und in der Folge spröde und brüchig werden. Die Klebebänder sind wieder zu entfernen, sobald der Lack abzubinden beginnt.

Nun erfolgt der Grundanstrich mit einem Kunststoffprimer (= Haftgrundierung). Nach dem Aushärten muss dieser angeschliffen werden, wieder mit 240er Schleifpapier. Schleifstaub sorgsam entfernen!

Nun folgen Zwischen- und Endanstrich mit dem Buntlack oder weißen Lack. Nach dem Trocknen des Zwischenanstrichs wird geschliffen und der Schleifstaub sorgsam entfernt.

1 Der Fensterrahmen wird mit warmem Wasser und wenig Spülmittel gründlich gereinigt. Wichtig ist, dass Flächen und Ecken vor dem Erstanstrich mit der Grundierung völlig trocken sind.

2 Ecken und kleinere Flächen werden dünn mit einem Strichzieher behandelt. Für die größeren Flächen eignet sich ein Flachpinsel oder eine Lackrolle besser.

3 Einige Stunden nach dem Grundieren ist die Oberfläche anzuschleifen und zu säubern. Anschließend werden Zwischen- und Endanstrich mit dem Lack aufgetragen. Sie erfolgen immer in Längsrichtung jedes der vier Rahmenteile. Den Zwischenanstrich auch anschleifen und säubern!

FLIEGENGITTER AM FENSTER ANBRINGEN

Fliegengitter schützen zuverlässig vor Insekten, ohne die Frischluftzufuhr zu unterbinden. Sie werden in Weiß, Braun und Anthrazit angeboten, wobei letzteres unauffälliger wirkt. Fliegengitter für Fenster bestehen, anders als für Türen, aus nur einem Gewebestück. Die einfachste und günstigste Variante sind Gewebestücke, die mittels Klettbändern am Außenrahmen des Fensters befestigt werden.

Zum Verkleben des Klettbands müssen die Untergründe sauber, trocken, tragfähig und fettfrei sein. Gut zum Reinigen eignen sich Spiritus und Fensterreiniger.

Eingeklebt wird das Klettband in den Innenfalz des Fensterrahmens jeweils bis in die Ecken, anschließend wird das zugeschnittene Tüllgewebe in das Klettband gedrückt. Das strapazierfähige Gittertüllgewebe kann zum Waschen (30 °C) vorsichtig vom Klettband gelöst werden. Es ist mehrfach verwendbar.

Alternativ kann man heute auch maßgefertigte Spannrahmen aus lackierten Aluminiumprofilen bekommen, die einfach in die Fensterrahmen eingehängt werden, wobei je nach Rahmenart unterschiedliche Befestigungen erforderlich sind.

 PASST IMMER

Fliegengitter gibt es in verschiedenen Größen für Fenster (nach innen und außen öffnend), Dachflächenfenster, (Lamellen-)Türen und sogar für Kinderwagen.

Das selbstklebende Spezialklettband ist rückstandsfrei ablösbar von PVC-, Aluminium- und den meisten Holzrahmen.

1 Mehr wird nicht benötigt, um eine Fensteröffnung gegen Fliegen und andere lästige Fluginsekten zu schützen: Fliegengitter in verschiedenen Farben und Abmessungen sowie selbstklebendes Klettband.

2 Nachdem das Fliegengitter faltenlos auf dem Klettband fixiert ist, werden die Überstände mit einem Cutter entfernt.

3 Ein korrekt angebrachtes Fliegengitter wird weder die Funktion noch die Dichtigkeit eines Fensterflügels verschlechtern.

FÜHRUNGSSYSTEME FÜR GARDINEN UND VORHÄNGE

Gardinen, Vorhänge und Jalousien machen einen Raum sehr wohnlich, aber wie hängt man sie am besten auf?

U-Profilschienen wurden in der Vergangenheit sehr häufig eingesetzt. Sie bestehen aus Kunststoff mit Holz- oder Metallverstärkungen und sind mit unterschiedlich vielen Laufrillen (1- bis 3-läufig) erhältlich. Produkte mit innen liegendem Schnurzug eignen sich besonders für Rundbogen- und Giebelfenster sowie für Dachschrägen. Die Schnur wird über Rollen umgelenkt, damit sie nicht klemmt. An die Schienen lassen sich seitlich Bögen oder auch runde und eckige Retouren ansetzen, die Gardine und Vorhang bis zur Wand führen.

Vorhangstangen sind in den unterschiedlichsten Materialien, Stilarten und Oberflächen im Handel: Holz, Aluminium, Messing, Acryl, verchromt, vernickelt, mit glatter oder strukturierter Oberfläche. Sie lassen sich beliebig kürzen.

Gardinensysteme werden in Komplettpackungen oder als Bausatz angeboten mit den dazu passenden Ringen, Haken und Trägern für die Wand- und Deckenbefestigung.

Vertikalstores (auch Lamellenvorhänge) eignen sich aufgrund ihrer Variabilität neben der üblichen waagerechten Montage auch für Dachschrägen. Dann ist allerdings spezielles Zubehör erforderlich. Führungsschienen und Lamellen sind beliebig kürzbar.

 ALTERNATIVEN

Für **Scheibengardinen** – sie werden direkt am Fensterrahmen fixiert – sind verschiedene Spezialstangen (Vitrage-Stangen aus Metall, Caféhaus-Stangen aus Holz und Metall) erhältlich.

Für Vorhänge in Nischen (zum Beispiel in einem Bad) gibt es ausziehbare **Teleskopstangen** mit speziellen Wandhalterungen – oder sie werden mit Hilfe von Druckfedern und Gummipuffern in die Nische geklemmt.

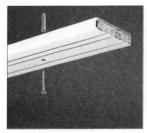

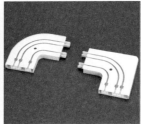

Der klassische Aufbau für die Aufputzbefestigung einer Vorhangschiene: Kunststoff-Universaldübel, Schiene und passende Schraube.

Eine runde und eine eckige Retoure, die Endstücke für Vorhangschienen. Die Anzahl der Laufrillen variiert zwischen eins und drei.

Stilgarnituren aus Holz, Metall und Kombinationen mit Kunststoff. Vielfältig sind sowohl ihre Wandhalterungen als auch die aufsteckbaren Kopfteile.

Oben und links im Bild die Teile für ein Seilspannsystem der einfachsten Art: Drahtseil mit Seilkausche, Schraubhaken und Dübel. Darunter eine komfortable Variante: Ein an der Wand fixierter Träger als Spannvorrichtung.

Die Trägerschiene von Vertikalstores erfüllt zahlreiche Funktionen: Sie lässt sich an der Decke oder einem Sturz montieren, trägt die Senkrechtlamellen und nimmt die Schnüre zum Bewegen der Lamellen auf.

Holz, Metall und Kunststoff sind die Materialien für diese Gleiter, Röllchen und Gleitringe mit Clipsen.

für die Montage von
Vorhangschienen:

- Zollstock
- Bohrmaschine mit
  diversen Bohrern
- Schraubendreher
- Akkuschrauber
- Dübel, Schrauben
- Bei hohen Räumen:
  Wandhalterungen
- Vorhangschiene

MONTAGE VON VORHANGSCHIENEN

Vorhangschienen lassen sich an der Decke oder an der Wand montieren.

In Schienen für die Aufputz-Deckenmontage sind die Löcher für das Verdübeln in der Decke bereits vorhanden. Nach dem Verschrauben werden sie mit farblich passenden Kappen abgedeckt.

Eine Deckenmontage im Putz ist zwar auch nachträglich möglich, wird aber wegen der erforderlichen Stemmarbeiten nur bei größeren Renovierungsvorhaben vorgenommen. Die Schienen liegen später mit der fertigen Decke auf einer Ebene.

1 Deckenmontage: Eine auf Putz montierte 3-läufige Vorhangschiene mit runder Retoure.

2 Die gleiche Schiene im Putz.

3 Wandmontage: Das Gardinenrohr wird in den wandmontierten Halter eingeschoben und von oben mit einer Madenschraube fixiert.

Bei den hohen Räumen von Altbauten sind wandmontierte Vorhangschienen sinnvoll, weil eine Deckenmontage längere Stoffbahnen erfordert oder sich eine Deckenschiene mit Stuckdecken eher selten harmonisch in Einklang bringen lässt. Fixiert werden die Schienen mit Montagewinkeln oder in Buchsen gehaltenen Flacheisen.

 MODERNE VORHANGSYSTEME

Die traditionellen Vorhangschienen mit vorgesetzten Blenden werden heute kaum noch verwendet. Auch Schabracken und Querbehänge finden sich meist nur noch bei älteren Fensterdekorationen.
Stattdessen sind vielfältige Seilspann-, Schienen- und Stangensysteme mit fantasievollen Endstücken bevorzugte Gestaltungselemente.

AUSGERISSENE SCHIENE BEFESTIGEN

Der wohl am häufigsten auftretende Schaden bei einer montierten Vorhangschiene dürfte das unterschätzte Gewicht der Vorhangstoffe sein, das eine Dübelverbindung überfordert. Muss das Gewicht von den übrigen Dübeln getragen werden, reißen diese früher oder später auch aus.

Falsch gewählte Dübel beziehungsweise deren Dimension können Ursache für das genannte Problem sein. So eignet sich beispielsweise der weit verbreitete Kunststoff-Universaldübel eher für Beton als für Hohldecken oder Porenbeton (→ Seite 38). Aber auch für diese Einsatzgebiete gibt es Spezialdübel, die eine ausreichende Tragfähigkeit aufweisen.

SIE BRAUCHEN
für einfache Reparaturen:
- Bohrmaschine mit diversen Bohrern
- Spezialdübel
- Schraubendreher
- Akkuschrauber

1 Der falsche Dübel für eine Hohldecke. Die Folge: Er kann das Gewicht nicht tragen und reißt aus.

2 Die Bohrungen für die erforderlichen Kippdübel sollten nur so groß ausfallen, dass sich der Dübel gerade hindurchdrücken lässt.

3 Die Montage mit Kippdübel: Zuerst den Dübel – wie hier gezeigt – in der Schiene vormontieren, Dübel in die Decke durchstecken und die Feingewindeschraube anziehen.

DÜBELKUNDE

Für nahezu jeden Befestigungszweck gibt es den passenden Dübel (→ Seite 40 f.). Es ist deshalb empfehlenswert, sich im Baumarkt oder Fachhandel umfassend über das Sortiment zu informieren – insbesondere wenn es gilt, spezielle Befestigungsprobleme zu lösen oder ungünstige Voraussetzungen auszugleichen.

JALOUSIEN, ROLLOS, ROLLLÄDEN

Jalousien und Rollos bieten Sicht- und Sonnenschutz. Rollläden außen übernehmen zusätzlich noch wärmedämmende sowie schallschützende Funktionen und tragen zur Sicherheit gegen Einbruchversuche bei.

Jalousien gibt es für die Innen- und Außenmontage, Rollos werden innen und Rollläden außen eingesetzt. Bewegt werden sie über Gurte, Seile und Stangen, Rollos auch direkt von Hand.

Jalousien sind mehr als bloßer Sicht- und Sonnenschutz. Als Innenjalousie dienen sie auch der Raumgestaltung. Außenjalousien haben den Vorteil, dass sie – bei starker Sonneneinstrahlung – die Wärme gar nicht erst in den Raum lassen. Durch Verstellen der Lamellen lässt sich der Lichteinfall stufenlos regeln. Ihr Nachteil liegt darin, dass sie schneller verschmutzen und schwierig zu reinigen sind. Jalousien sind in Aluminium-, Kunststoff- und Holzausführung mit unterschiedlichen Breiten, Farben und Mustern erhältlich. Kunststoffjalousien können sich, anders als Aluminiumprodukte, bei extremer Wärmeeinwirkung verformen. In der Regel lassen sich die Lamellen auf jede gewünschte Breite kürzen. Dazu sind die Maßangaben der Hersteller zu beachten.

Rollos gibt es für jeden Wohn- und Arbeitsbereich: Spring-, Raff- und Faltrollos, unifarben oder mit verschiedenen Dekoren und Dessins, mit und ohne Volant und in fast jedem gewünschten Maß. Sie sind aus Baumwolle, Kunstfaser und Kunststoff sowie Bambus und Papier hergestellt.

Sogenannte Verdunklungsrollos sind auf ihrer Rückseite so dicht beschichtet, dass kein Licht durchdringen kann. Thermorollos haben eine Aluminiumbeschichtung, die Strahlungswärme reflektiert.

 LÄRMSCHUTZ

Die Hohlkammern von schall- und wärmedämmenden Rollladen-Profilen sind meist mit Polyurethan-Isolierschaum ausgefüllt. Mit dieser Schaumeinlage laufen die Rollläden deutlich leiser.

Jalousien aus drei verschiedenen Materialien (von links nach rechts): Holz, exoliertes Aluminium und Papier.

Der Acrylstab wird nur lose in die Lasche des Schneckengetriebes für die Lamellenverstellung eingehängt.

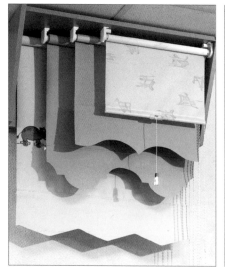

Dieses Bild zeigt ein Schnapprollo mit Dekor (vorn) sowie drei Rollos mit Seilzügen und unterschiedlichen Volants.

Das Bild zeigt von links nach rechts: Raffrollos ohne und mit Volant sowie einen Vertikalstore.

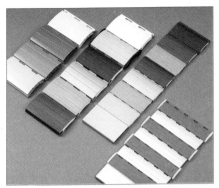 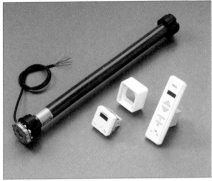

Einige der angebotenen Materialien und Farben für Rollläden (von links): Kunststoff, Stahl und Aluminium in verschiedenen Breiten (Metalle mit Dämmung).

Rollladenantrieb, Steuerungsmodul mit Aufputzrahmen und eine Steuerung, die in den Gurtkasten integriert wird (von links nach rechts).

Bei Vertikalstores (auch Lamellenvorhänge) verlaufen die Lamellen senkrecht. Es gibt sie als Fertigstores und als Bausätze zur Selbstmontage aus Baumwolle, Glasfaser und Kunststoff.

Rollläden übernehmen im Außenbereich die gleichen Aufgaben wie Jalousien und Rollos und erhöhen deutlich den Schutz gegen Einbruch. Die gebräuchlichsten Materialien für Rollläden sind Holz, Kunststoff, Aluminium und Stahl. Aluminium- und Stahlrollläden sind einbruchsicherer als andere Läden. Mit überlappenden Profilquerschnitten und Sicherheitseinlage können sie sogar beschusshemmend sein. Profile mit Mini-Ballendurchmesser eignen sich speziell, wenn für den Jalousiekasten wenig Platz zur Verfügung steht. Standard-Hohlkammerprofile sind mit Haken verbunden, die in die Unterkammer des darüber liegenden Profilstabs greifen. Rollladensicherungen gegen Hochschieben von außen lassen sich auch noch nachträglich montieren.

MONTAGE VON JALOUSIEN UND ROLLOS

SIE BRAUCHEN für die Montage von Jalousien und Rollos:
- Zollstock, Bleistift
- Bohrmaschine mit diversen Bohrern
- Schraubendreher
- Akkuschrauber
- Wasserwaage

Für Innenjalousien gibt es drei Montagemöglichkeiten: auf dem Mauerwerk, am Fenstersturz und auf dem Fensterflügel. In jedem Fall werden zunächst die Positionen der Montagebohrungen (entfallen bei Holzfenstern) ermittelt und markiert.

Bei der Montage auf Mauerwerk oder Fenstersturz ist – je nach Größe des Bohrers – ausreichend Abstand zur Fensterlaibung zu halten, damit die Kanten nicht wegbrechen!

Nachdem die erste Halterung verdübelt ist, wird mit Hilfe einer Wasserwaage die exakte Position der zweiten ermittelt und auch sie montiert. Durch die Verwendung der Wasserwaage ist auf jeden Fall gewährleistet, dass die Jalousie waagerecht hängt, auch wenn der Fenstersturz nicht gerade sein sollte. Nach dem Einhängen des Jalousiekastens in die Halterungen werden diese geschlossen.

1 Die Alternative zur üblichen Wandmontage einer Jalousie ist das Befestigen an einem Fensterflügel. Das Fenster lässt sich so auch bei herabgelassener Jalousie öffnen.

2 Die Halterungen sind so konstruiert, dass der Jalousienkasten nach dem Einhängen fixiert wird, sobald sie geschlossen werden.

HOLZRAHMEN

In Mietwohnungen muss sichergestellt sein, dass eventuelle Beschädigungen der Holzfenster nach dem Auszug wieder fachgerecht beseitigt werden, da sonst der Vermieter Schadenersatz fordern kann. Vom Anbohren von Kunststoff- oder Aluminiumfenstern ist wegen möglicher Schadenersatzansprüche ganz abzuraten.

Die Montage auf Holzfenstern ist einfacher: Die Halterungen werden ohne Vorbohren direkt auf dem Flügelrahmen verschraubt. Zur Befestigung von Jalousien aus Aluminium an Kunststoff- oder Aluminiumfenstern gibt es spezielle Klemmträger. Eine zusätzliche Seitenverspannung fixiert Jalousien an schrägen, abgewinkelten oder beweg- lichen Fenstern und Türen.

Rollos werden – wie Jalousien – an der Decke, an der Wand oder am Fensterflügel befestigt. Auch die Montage ähnelt der der Jalousien: Halterungen beziehungsweise Träger montieren, Rollo einhängen, zur Hälfte herunterziehen und von Hand aufrollen.

Komfortabler arbeiten Rollos, die mit einem Schnur- oder Kettensystem ausgerüstet sind. Sie lassen sich besser handhaben und präziser justieren.

Beim Maßnehmen ist zu berücksichtigen, wo das Rollo hängen soll. Schließt das Fenster bündig mit der Wand ab, kann das Rollo entweder am Rahmen oder an der Wand montiert werden. Bei Fenstern, die in einer Nische liegen, lässt sich das Rollo entweder in der Laibung oder außerhalb auf der Wand befestigen.

Vertikalstores laufen in Schienen, die in der Regel mit der Decke verdübelt werden. Die Lamellen lassen sich um 180 Grad wenden. Für die Montage sind mindestens 16 Zentimeter Bewegungsfreiheit zum Fenster zu berücksichtigen.

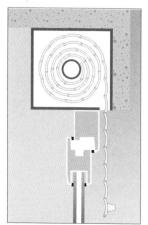

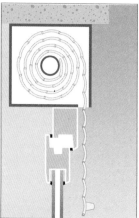

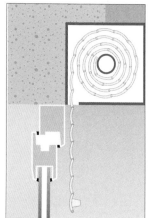

Dieser Aufsatzrollladen ist in einen speziell ausgeführten Fenstersturz (Rollladensturz) integriert und von außen praktisch unsichtbar.

Der gleiche Rollladen als Aufbau über dem Fensterrahmen, nachträglich eingebaut unter einem normalen Fenstersturz, mit vorgesetzter Blende. In beiden Fällen muss der Rollladenkasten wärmegedämmt sein.

Der außen liegende Vorbau-Rollladenkasten benötigt keine Wärmedämmung. Er wird häufig als Nachrüstelement eingebaut. Die Rückseite der Lamellen liegt hier außen, was optisch nicht immer gefällt.

ROLLLADEN

Mit dem Einbau eines kompletten Rollladens können selbst versierte Heimwerker überfordert sein. Das Zusammenspiel von Rollladen, Wickeltechnik und Führungsschienen muss perfekt funktionieren. Wir empfehlen deshalb, die Montage besser einem Fachmann zu überlassen.

ROLLLADENGURT ERNEUERN

Zur Bestimmung der Gurtlänge sollte ein Helfer mit Maßband oder Zollstock zur Verfügung stehen. Zunächst den Rollladen ganz hochziehen und den Gurt mit der Hand unter Spannung halten. Zur Längenbestimmung wird das untere Gurtende ganz von der Wickelrolle (Gurtwickler) herausgezogen: Beide Enden werden von einer Person festgehalten, während der Helfer die Länge misst. Da man auf diese Weise die Enden des Gurtes nicht ganz erreicht, sollte der neue Gurt etwa ein Meter länger bemessen werden. Jetzt kann der herausgezogene Gurt auf dem Gurtwickler zurückspulen.

Der neue Gurt sollte dann für die weiteren Schritte bereit liegen. Für seine Befestigung auf der Wickelrolle müssen Sie am dafür bestimmten Ende ein kleines Loch vorstechen.

Nachdem der neue Gurt eingesetzt ist (siehe Abbildungen), sollten Sie – bevor der Rollladenkasten wieder verschlossen wird – einen Probelauf durchführen: Liegt der Gurt straff auf der Rolle und ist nichts verdreht? Wenn auch

SIE BRAUCHEN

für den Gurtwechsel:
- Schraubendreher
- Schraubzwinge
- Cutter und evtl. Dorn bzw. Lochzange
- Neuen Gurt
- Kleinen (Holz-)Keil für die Wickelrolle

1 Öffnen Sie den Rollladenkasten. Zum Austausch des Gurtes muss der Rollladen hochgezogen und in dieser Stellung gegen unbeabsichtigtes Herabrollen gesichert sein, zum Beispiel durch eine Schraubzwinge auf der Rollladenwalze.

3 Jetzt kann man die Schraubzwinge lösen und den Rollladen am neuen Gurt ganz herunterlassen. Dann wird die Wickelrolle aus dem Wandfach genommen und der alte Gurt so weit wie möglich herausgezogen.

2 Jetzt kann man den alten Gurt abschneiden. Dabei mit einem Knoten am unteren Ende verhindern, dass er durch den Klemmschlitz der Wickelrolle hineingezogen wird. Im Rollladenkasten muss dann das alte Gurtende von der Gurtscheibe genommen werden. Ein Einschnitt oder ein entsprechendes Loch muss jetzt am freien Ende des neuen Gurtes angebracht werden. Dieser wird dann von unten durch den Schlitz im Rollladenkasten gefädelt und bis an die Walze neben der Gurtscheibe geführt. Jetzt den Gurt von vorne nach hinten über die Walze führen und mit einer zusätzlichen Umschlingung auf den Haken der Gurtscheibe hängen, damit er später fest anliegt und auch bei hochgezogenem Rollladen nicht abspringen kann.

4 Die Aufwickelrolle muss mit einer Hand unter Spannung gehalten werden, während mit der anderen die Befestigungsschraube für den Gurt auf der Rolle gelöst wird. Nach Entfernen des alten Gurtendes kann der neue durch den Klemmschlitz geführt und auf der Rolle festgeschraubt werden. Den neuen Gurt jetzt langsam von der Rolle aufspulen lassen, dann kann die Wickelrolle samt Abdeckblende wieder eingesetzt und befestigt werden.

bei mehrmaliger Betätigung nichts klemmt, kann der Kasten verschlossen werden.

Zum Schluss noch überprüfen, dass er an allen Seiten dicht schließt und fest verriegelt ist, sodass keine Zugluft durchkommen kann.

 ROLLE SICHERN

Beim Lösen des gerissenen Gurtes von der Wickelrolle ist Vorsicht geboten. In der Trommel befindet sich eine sehr starke Feder, die die Rolle schlagartig zurückdrehen kann. Mit einem Keil, der zwischen Rolle und Halterung geklemmt wird, lässt sich die Gefahr weitgehend ausschließen.

JALOUSIEN-ZUGSEIL ERNEUERN

Zugschnüre an Jalousien müssen selbst bei leichteren Materialien einiges an Gewicht tragen beziehungsweise ruckartig nach oben transportieren können. Dazu kommt die entstehende Reibungshitze, wenn das Seil über die Umlenkrollen im Jalousienkasten gleitet. Bei solchen Belastungen ist es nicht verwunderlich, wenn ab und an eine Zugschnur durchscheuert oder reißt.

Eine komplette Demontage der Jalousie ist für die Erneuerung jedoch meist nicht erforderlich. Zum Ausbauen der alten Schnur wird die Jalousie ganz herabgelassen. Ein in die gezahnte Arretiervorrichtung in der Kopfschiene gestecktes Stück Pappe verhindert, dass die Schnur festklemmen kann.

SIE BRAUCHEN für die Zugseil-Reparatur:
- Stück Pappe
- Klebestreifen
- Neues Zugseil

Dann werden die beiden Knoten an der unteren Schiene gelöst und beide Schnurenden herausgezogen. Wie dabei der Einbau der neuen Schnur erfolgt (samt Einfädeln in jede Lamelle), beschreiben die Bilder oben auf dieser Seite.

 AUSRICHTEN

Beim Straffziehen der neuen Zugschnüre ist darauf zu achten, dass die unterste Lamelle waagerecht hängt, bevor die Schnurschlaufen durch den Schnurausgleicher gezogen werden.

1 Das sauber abgeschnittene Ende der alten Schnur wird mit einem Klebestreifen (möglichst eng gerollt) mit der neuen Schnur verbunden. Eine geflämmte Verbindung (Verschmelzen mit einer Flamme) wird meist zu dick für die Löcher in den Lamellen.

2 Die neue Schnur wird nun gezogen, bis sie durch jede Lamelle und über die Umlenkung oben geglitten ist. Auf beiden Seiten sollten die Enden unten so weit…

3 …herausstehen, dass die Hütchen zu fixieren sind. Dazu werden sie eingefädelt und durch einen (oder mehrere) Knoten in der Schnur am Herausrutschen gehindert. Das überstehende Schnurende wird dann einfach abgeschnitten.

EINBRUCHSCHUTZ

Durchschnittlich alle zwei Minuten schlagen in Deutschland Einbrecher zu. Der Schaden ist immens: Jährlich rund 600 Millionen Euro, so die Versicherungswirtschaft. Den meisten Menschen ist die Gefahr nicht wirklich bewusst, gaben 60 Prozent der Teilnehmer einer Befragung doch an, keine speziellen Sicherungen an Fenstern und Türen zu haben.

In Etagenwohnungen kommen Einbrecher meist durch die Eingangstür, in Einfamilien- und Reihenhäusern eher durch die erfahrungsgemäß kaum gesicherte Terrassentür, die sich zudem an der von Blicken geschützten Rückseite des Hauses befindet.

Aufhebeln ist nach polizeilichen Erkenntnissen die bei Einbrechern beliebteste Vorgehensweise. Übliche Fenster und Türen lassen sich mit einfachen Hebelwerkzeugen (stabiler Schraubendreher oder kleines Brecheisen) überwinden. Fachleute der Versicherungswirtschaft schätzen, dass in rund 90 Prozent aller deutschen Haushalte Türen und Fenster nachgerüstet werden müssten, um eine hinreichende mechanische Sicherung zu erzielen. Diese Sicherungen müssen stets die Basis des Schutzes gegen Einbruch sein, denn sie bilden die Außenhautsicherung, die davor schützen soll, dass ein Einbrecher überhaupt in die Räume eindringen kann. Innenraumsicherungen wie Bewegungsmelder sprechen hingegen erst dann an, wenn sich der Einbrecher schon im Raum befindet, und man kann sich leicht ausmalen, wie schnell es zu üblen, gewaltsamen Folgen kommen kann, wenn man einem überraschten Einbrecher gegenüber steht.

Wer also mit dem Gedanken spielt, einzelne elektronische Sicherungen oder eine komplette Alarmanlage zu installieren, muss wissen, dass die Elektronik stabile Schlösser und andere mechanische Sicherungen nicht ersetzen, sondern nur ergänzen kann. Beachten Sie dazu auch den Beitrag „Leicht zu knacken" über Türsicherungen in test 7/2009.

Wie der Name schon sagt, kann eine Alarmanlage die Öffentlichkeit und/oder einen Wach- und Sicherheitsdienst alarmieren, in der Hoffnung, dass jemand schnell genug eingreift und die Fortsetzung des Einbruchs verhindert oder die Täter die Nerven verlieren und ihr Vorhaben dann aufgeben.

Einbrecher werden jedoch immer dreister, und welcher Passant riskiert es um eines („fremden") Einbruchs willen, angegriffen und verletzt zu werden? Bis die Polizei eintrifft, vergehen Minuten, in denen die Einbrecher Wertvolles zusammengerafft haben und verschwunden sind.

Muss die Polizei gar mehrmals ausrücken, weil der Alarm durch eine Fehlfunktion der Anlage ausgelöst wurde, so ist mindestens im Wiederholungsfall eine Rechnung der Behörde zu erwarten; ganz abgesehen vom Effekt der Abstumpfung, der dadurch bei den Nachbarn entsteht.

Als erste Orientierung können Sie bei der Produktauswahl auf die DIN-Normen und Widerstandsklassen (seit 2011 „resistance class") achten, auf die bei den folgenden Anleitungen hingewiesen wird. Sie geben an, inwieweit beziehungsweise bis zu welcher Belastung ein Fenster oder eine Tür einbruchsicher ist.

Nach Möglichkeit sollten Sie bei jeglicher Planung von Einbruchsicherungen jedoch die Erfahrungen neutraler Fachleute bei der Polizei, bei den Verbraucherzentralen oder den Sachversicherern nutzen, ob durch schriftliche Informationen oder ein Gespräch in deren öffentlichen Beratungsstellen.

GUTEN RAT IN SACHEN SICHERHEIT GIBT'S KOSTENLOS

Erste Anlaufstelle für Ratsuchende, die ihr Haus oder ihre Wohnung besser gegen Einbruch schützen wollen, sind die kriminalpolizeilichen Beratungsstellen , die es in jeder größeren Stadt gibt. Auskunft über die nächstgelegene Beratungsstelle erteilt jede Polizeidienststelle. Die Fachleute von der Kripo stehen dort meistens kostenlos mit gutem Rat zur Verfügung. In den Beratungsstellen finden sich beispielhaft Ausstellungsstücke, die den fachgerechten Schutz von Türen und Fenstern demonstrieren. Darüber hinaus werden Info-Broschüren sowie Listen mit empfehlenswerten Produkten für den Neubau und die Nachrüstung verteilt. Das

Angebot, Häuser und Wohnungen auch vor Ort zu inspizieren und Empfehlungen zur Absicherung vorhandener Schwachstellen zu geben, lassen sich die Beratungsstellen inzwischen aber honorieren.

Versicherer sind naturgemäß bemüht, Schadenfälle durch Einbruchdiebstahl zu verringern. Sie stellen über ihre Agenturen Informationsmaterial zur Verfügung und lassen in verbandseigenen Laboratorien Prüfungen von Produkten der Sicherheitstechnik durchführen.

Diese Aufgabe nimmt der ehemalige Verband der Schadenversicherer (VdS) – jetzt VdS Schadenverhütung GmbH – wahr. Produkte, die VdS-anerkannt sind (zu erkennen am VdS-Logo), bieten die Gewähr, dass sie zuverlässigen Schutz bieten.

In den meisten größeren Städten gibt es Beratungsstellen der Kriminalpolizei, die kostenlos in Anspruch genommen werden können (www.polizei-beratung.de).

SCHWACHSTELLEN-ANALYSE

VdS SCHADEN-VERHÜTUNG

Sicherheitsprodukte, die das VdS-Logo aufweisen, sind von Fachleuten nach internationalen Standards geprüft worden.

Wohnungen in Mehrfamilienhäusern sind umso stärker von Einbruch bedroht, je größer die Wohnanlage ist. Dabei bevorzugen Einbrecher wenig frequentierte Bereiche wie die Enden langer Flure und vor allem einzelne Eingangstüren im obersten Stockwerk, wo sie relativ ungestört „arbeiten" können.

Wie stabil eine Wohnungstür ist, sieht man ihr auf Anhieb kaum an. Vielfach findet man Leichtbautüren, die zwischen zwei furnierten Deckschichten lediglich eine Pappwabe als Kern aufweisen. Solche Türen widerstehen einem kräftigen Schulterstoß oder einem Fußtritt kaum. Ein einfacher Test liefert eine ungefähre Einschätzung, wie solide eine Wohnungseingangstür ist: Ausgehängt und auf eine Personenwaage gestellt, sollte sie mindestens 25 kg wiegen. „Leichtgewichte", die darunter liegen, gelten als unsicher.

Ein solides Türblatt ist die Voraussetzung für jede weitere Ausstattung mit einbruchhemmenden Schlössern und Beschlägen. Man kann ein Pappwabentürblatt gegen ein stabileres austauschen lassen, wenn der Vermieter dem zustimmt, beispielsweise durch eine Röhrenspantür. Eine andere Lösung ist, ein zirka 0,5 Millimeter starkes Blech auf der Innenseite der Tür anzubringen. Diese Arbeit sollte einem Fachmann überlassen werden, denn das Blech benötigt mehrere maßgenaue Aussparungen für das Schloss, den Türspion und für eventuelle Zusatzschlösser, auch Nachrüstsicherungen genannt.

Das nächste Augenmerk gilt dem Türrahmen . Falle und Riegel des Schlosses müssen in ein Sicherheitsschließblech greifen – zirka 3 Millimeter dick und an mindestens zwei Stellen mit Dübeln tief im Mauerwerk verankert.

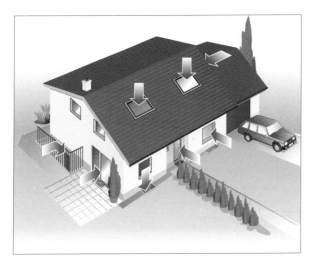

Alle typischen Schwachpunkte müssen auf Einbruchsicherheit überprüft werden. Das eigene Haus bietet naturgemäß mehr Einstiegsmöglichkeiten als eine Wohnung – andererseits ist die Aufrüstung bei Wohneigentum verwaltungstechnisch weniger kompliziert.

Das Einsteckschloss muss für Wohnungseingangs- beziehungsweise Haustüren geeignet sein, über eine Schlossfalle mit Wechsel und Riegel verfügen und zur Aufnahme eines Profilzylinders vorbereitet sein (Pz-Lochung). Ein stabiles, von innen verschraubtes Türschild schützt den Schließzylinder gegen äußere Gewaltanwendung wie Abbrechen, Herausziehen oder Aufbohren. Schutzbeschlag und Schließzylinder müssen aufeinander abgestimmt sein.

Damit Einbrecher am Schließzylinder keine schweren Werkzeuge ansetzen können, darf er nie mehr als zwei Millimeter aus dem Schutzbeschlag herausragen. Zieh- und Bohrschutz können im Schließzylinder vorhanden sein, aber auch in einem Schutzbeschlag, der den Zylinder abdeckt. Bei der Neuanschaffung eines Schutzbeschlags lohnt es sich, eine etwas teurere Version mit Zieh- und Bohrschutz zu wählen. Dafür kann beim Schließzylinder etwas Geld gespart werden. Weiterer Vorteil: Sein Austausch wird billiger, wenn er einmal gewechselt werden soll. Ein brauchbarer Schließzylinder für eine Eingangstür sollte über mindestens sechs Zuhaltungen und vom Hersteller zugesicherte 30 000 Schließkombinationen verfügen.

Die bei den meisten Neubautüren vorhandenen **Einbohrbänder** (Scharniere) sind nicht fest genug in Türblatt und Zarge verankert, sie bieten deshalb wenig Widerstand gegen Aufhebeln. Mit zusätzlichen aufschraubbaren Bändersicherungen oder mit Hintergreifhaken – Zapfen im Türfalz, die bei geschlossener Tür in entsprechende Bohrungen in der Zarge eingreifen – kann auch diese Schwachstelle beseitigt werden.

Ein **Querriegelschloss** kann das Türblatt zusätzlich stabilisieren, es schützt sowohl die Schloss- als auch die Bandseite gegen Aufhebeln.

Im **Erdgeschoss und Souterrain** müssen auch die Fenster, Terrassentüren, Kellerfenster, Nebeneingänge und Garagentore beziehungsweise die Zugangstür ins Haus gesichert werden. Auch für diese Zwecke werden entsprechende Nachrüstsicherungen angeboten. Ähnlich wie die Türen müssen auch die Fenster an der Verriegelungs- und Bänderseite stabilisiert werden. Neuere Zusatzsicherungen haben hakenförmige Riegel oder Riegel mit Nuten, die sich im Schlosskasten verkrallen, wenn das Fenster auch nur einen Spalt breit geöffnet ist, und so den Einbrecher am Einstieg hindern.

Optimale Sicherheit bieten einbruchhemmende Tür- und Fensterelemente, bei denen Türblatt und Zarge, beziehungsweise Fensterrahmen und -flügel samt der Verglasung, der Beschläge, der Schlösser und spezieller Maueranker für den **Einbau aufeinander abgestimmt** sind. Nach der europäischen Norm DIN EN 1627:2011 gibt es für Türen und Fenster sowie alle verwendeten Bauteile sieben Widerstandsklassen – seit 2011 „resistance class" genannt – mit den Bezeichnungen RC 1 bis 6 (nach älteren Normen ET/EF 0 bis 3). Die neu eingeführte Sonderstufe RC 2 N bietet bereits eine erste Einbruchhemmung, jedoch noch keine Sicherheitsverglasung. Ab der Klasse RC 2 kann von einer

Einbruchhemmung (mit Sicherheitsverglasung) gesprochen werden. Für normale Wohnungen, in denen keine außergewöhnlichen Wertgegenstände aufbewahrt werden, reicht die Widerstandsklasse RC 3 aus. Entsprechende Widerstandsklassen gibt es für einbruchhemmende Verglasungen nach DIN EN 356, wenn sie durchwurf- oder – noch stabiler – durchbruchhemmend sind.

TÜRSPION EINBAUEN

Sicher ist es gut zu wissen, wer sich hinter der Haus- oder Wohnungstür verbirgt, wenn es geklingelt hat. Hier helfen Türsprechanlagen, Videoüberwachungsanlagen oder auch ein einfacher Türspion. Der Einbau eines Türspions ist bei üblichen Wohnungseingangstüren kein großes Problem. Die erforderliche Bohrung hat gerade mal 25 Millimeter Durchmesser. Mieter benötigen keine Zustimmung des Vermieters – zur Sicherheit kann man zuvor Bescheid geben.

SIE BRAUCHEN für das Einbauen eines Türspions:
- Zollstock
- Bohrmaschine
- Forstnerbohrer
- Türspion

MIT DEM FORSTNERBOHRER ARBEITEN

Übliche Spiralbohrer für Holz werden meist nur bis 10 oder 12 Millimeter Durchmesser angeboten. Für größere Löcher benutzt man sogenannte Forstnerbohrer, die ein kreisrundes Loch herstellen, ohne dass die Holzfasern an den Rändern ausreißen.

In Augenhöhe markiert man die Position des Türspions. Dann wird der Bohrer angesetzt und die Bohrmaschine

 GERADE BOHREN

Um eine bessere Führung für den Forstnerbohrer zu erreichen, sollte das Türblatt mit einem dünneren Bohrer vorher komplett durchgebohrt werden.

oder der Akkubohrschrauber bei mittlerer Drehzahl einge-schaltet.

Da die meisten Wohnungsabschlusstüren nicht aus Massivholz, sondern aus zwei äußeren Sperrholzlagen mit einem Kern aus Pappe bestehen, rutscht der Bohrer durch, sobald er die erste Sperrholzlage durchtrennt hat. Man richtet ihn erneut aus und bohrt die zweite Schale an und von der anderen Seite fertig.

Anschließend wird der äußere Teil des Türspions einge-schoben und festgehalten, während man den inneren Teil einsteckt und verschraubt.

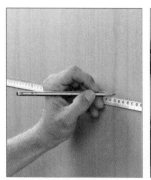  

1 Mit Hilfe eines Zoll-stocks oder Bandmaßes markiert man den Bohr-lochmittelpunkt genau auf der Mitte der Tür.

2 Die erforderliche Boh-rung im Durchmesser des Türspions wird mit einem Forstnerbohrer eingebracht.

3 Die Weitwinkeloptik mit der Rosette kommt nach außen. Die beiden Teile werden ineinander ge-schraubt. Dabei passt sich der Türspion der jeweiligen Türblattdicke an.

SICHERHEITSBESCHLAG MONTIEREN

Eine Kette ist immer nur so stark wie ihr schwächstes Glied. Bei einer Haustür oder Wohnungsabschlusstür nutzt ein guter Schließzylinder wenig, wenn er mit einem Türschild kombiniert ist, der sich von außen abschrauben lässt oder den Zylinder nicht gegen Abdrehen oder Herausziehen schützt.

Zu einem Qualitätsschließzylinder gehört ein von innen verschraubter stabiler Beschlag. Noch besseren Schutz bieten Türschilde mit Abdeckungen, die das Herausziehen oder Ausbohren des Schließzylinders verhindern. Bei der Montage von Schutzbeschlägen ohne Zylinderabdeckung ist darauf zu achten, dass der Profilzylinder bündig abschließt beziehungsweise maximal zwei Millimeter heraussteht. Er muss dann seinerseits über Zieh- und Bohrschutz verfügen.

Dort, wo sich kein Sicherheitsbeschlag montieren lässt, kann man mit einer Sicherheitsrosette zumindest den Schließzylinder vor Abdrehen und Herausziehen schützen.

SIE BRAUCHEN für das Montieren eines Sicherheitsbeschlags:
- Bohrmaschine
- Akkuschrauber oder Schraubendreher
- Zollstock
- Bohrschablone
- Sicherheitsbeschlag

NACH SCHABLONE BOHREN

Für die Montage des Sicherheitsschutzbeschlags löst man zunächst den alten Beschlag auf der Innenseite und stülpt die Montageschablone über Zylinder und Dorn. Nach dem

---

▌ ALTERNATIVE ZUM BESCHLAG

Dort, wo sich kein Sicherheitsbeschlag montieren lässt, ist es meist möglich, mit einer Sicherheitsrosette zumindest den Schließzylinder vor Abdrehen und Herausziehen zu schützen.

Markieren und Bohren auf beiden Seiten kann die Restmontage des Beschlags erledigt werden. Auch die Schutzbeschläge (Türschilde) sind in Widerstandsklassen eingeteilt:

ES0 = Gering einbruchhemmend
ES1 = Einbruchhemmend
ES2 = Stark einbruchhemmend
ES3 = Extrem einbruchhemmend

Durch die Montage eines Schutzbeschlags allein wird aus einer üblichen Tür noch keine einbruchhemmende Tür. Hierzu sind weitere stabilisierende Ergänzungen notwendig, wie in den folgenden Kapiteln beschrieben.

1 Eine Einladung für Einbrecher: Der Türbeschlag lässt sich abschrauben. Außerdem steht der Zylinder deutlich mehr als das Mindestmaß heraus. Er ließe sich mit einer Zange packen und abbrechen bzw. herausziehen.

2 Die Bohrlochmittelpunkte für die Befestigungsschrauben des Sicherheitsbeschlags werden mit Hilfe der Schablone innen und außen markiert. Dann bohrt man von beiden Seiten jeweils bis zur Mitte des Türblatts.

3 Der äußere Teil des Beschlags wird in die Bohrungen gesteckt. Dann dreht man die Befestigungsschrauben von innen in die Muffen ein. Ein so befestigter Türschild ist von außen nicht mehr zu lösen.

SICHERHEITSSCHLIESS-BLECH MONTIEREN

Als Schließblech wird das an der Türzarge befestigte Metallstück bezeichnet, das als Gegenstück zum Schloss zwei Aussparungen für Riegel und Falle enthält.

Vor allem bei älteren Wohnungseingangstüren bestehen die Schließbleche oft nur aus dünnem Blech und sind mit kleinen Holzschrauben lediglich in der Zarge befestigt. Dann hilft auch das beste Sicherheitsschloss nichts: Ein kräftiger Schulterstoß oder Tritt reicht aus, um das Schloss samt Schließblech aus der Türzarge herausbrechen. So wie zum guten Schließzylinder ein Sicherheitsbeschlag gehört, wird das Schloss der Tür erst durch ein widerstandsfähiges Sicherheitsschließblech komplettiert. Am besten eignen sich Produkte, die aus drei Millimeter dickem Stahl bestehen und an ihrer Längskante drei Bohrungen für schräg ins Mauerwerk reichende Dübelverankerungen aufweisen.

Zunächst wird die Umrandung des Schließblechs auf die Türzarge übertragen. Achten Sie unbedingt auf die richtige Höhe im Vergleich zu Riegel und Falle. Um den sichtbar bleibenden Teil der Zarge beim Ausstemmen nicht zu beschädigen, schneidet man mit einem breiten und sehr scharfen Stechbeitel/ Stemmeisen oder mit einem Cutter

SIE BRAUCHEN für das Montieren von Sicherheitsschließ-blechen:
- Hammer
- Schraubendreher
- Beitel/Stemmeisen
- Reißnadel
- Sicherheitsschließ-blech

▌ EINPASSEN

Beim Einlassen des Schließblechs wird abwechselnd an beiden Flanken gearbeitet. Die Materialdicke des Bleches bedingt, dass man die endgültigen Konturen nur schrittweise herausarbeiten kann. Erst, wenn es auf beiden Seiten flächenbündig einliegt, wird das Schließblech verschraubt.

entlang der Außenlinien ins Holz. Dann treibt man die Klinge alle 20–30 Millimeter quer in den markierten Holzstreifen. Anschließend lässt sich das Material dann Stück für Stück abheben und die Zarge glätten.

Zum Verankern setzt man mindestens 150 Millimeter lange Rahmendübel ein, die für festen Halt der langen Befestigungsschrauben sorgen (siehe Bildfolge).

BOHRHAMMER AUSLEIHEN

In Beton gelingen tiefe Dübellöcher viel leichter mit einem Bohrhammer. Sein Schlagwerk ist nicht auf den Anpressdruck des Anwenders angewiesen, was die Bohrung exakter werden lässt (→ Seite 29). Falls sich keine solche Maschine in Ihrer Werkzeugausrüstung befindet, bieten viele Anbieter für solche Gelegenheiten auch einen Ausleihservice an.

1 Mit einem spitzen Bleistift oder einer Reißnadel werden die äußeren Konturen des Schließblechs auf die Zarge übertragen.

2 Sicherheitsschließbleche sind in den meisten Fällen länger als die zu ersetzenden Teile. Deshalb ist ein Nacharbeiten der Zarge unerlässlich.

3 Nachdem das neue Schließblech fixiert ist, wird es im Mauerwerk verankert. Diese Verankerung erfolgt im Durchsteckverfahren.

KASTENZUSATZSCHLOSS MONTIEREN

Zusätzliche Sicherheit bietet ein Kastenschloss. Seine Befestigungen liegen verdeckt, sodass ein Abschrauben von außen unmöglich ist.

Das Kastenschloss wird von innen auf das Türblatt geschraubt. Der zugehörige Schließkasten sitzt auf der Türzarge. Bei Falztüren wird die Differenz zwischen Zarge und vorstehendem Türblatt durch ein Distanzteil (Falzunterlage) ausgeglichen. Anschließend geht es an die Montage des Schließkastens. Bei Stumpftüren, bei denen Türblatt und Rahmen auf gleicher Höhe liegen, schraubt man den Schließkasten ohne die Falzunterlage auf den Rahmen.

Die mitgelieferte Montageschablone wird auf das Türblatt gelegt, und die Mittelpunkte aller erforderlichen Boh-

SIE BRAUCHEN

für das Montieren eines Kastenzusatz-schlosses:
- Bohrmaschine
- Forstnerbohrer oder Lochsäge
- Schraubendreher
- Reißnadel
- Kastenzusatz-schloss

1 Die schon am Rahmen befestigte Falzunterlage wird als Bohrschablone für die 120 Millimeter langen Rahmendübel benutzt, die den Schließkasten im Mauerwerk verankern. Durch den Rahmen wird mit einem Holzbohrer vorsichtig vorgebohrt.

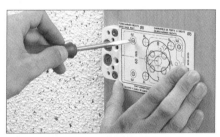

2 Die Montageschablone gibt die Position der Befestigungsschrauben und der Bohrung für den Zylinder vor.

rungen werden markiert. Für die vier Befestigungslöcher wird ein 10-mm-Holzbohrer eingesetzt. Die Bohrung für den Zylinder mit einem Forstnerbohrer hat einen Durchmesser von 38 Millimetern. Die billigere Werkzeugvariante ist eine Lochsäge.

 SPERRBÜGEL

Noch mehr Sicherheit bietet ein Kastenzusatzschloss mit Sperrbügel. Dieser rastet beim Öffnen der Tür automatisch in einer Riegelaussparung ein. Das ermöglicht, mit Personen vor der spaltbreit geöffneten, aber dennoch gesicherten Tür zu sprechen.

3 Sind die Löcher ins Türblatt gebohrt, setzt man von außen den Zylinder ein und verschraubt ihn von innen mit der Grundplatte des Schlosskastens.

4 Auf der Innenseite wird zum Schluss die Haube des Kastenschlosses aufgesetzt.

QUERRIEGELSCHLOSS ANBRINGEN

Lässt die Stabilität der Tür zu wünschen übrig, kann ein Querriegelschloss für die notwendige Verstärkung sorgen. Seine beiden Riegel wirken sowohl auf der Schlossseite der Tür als auch auf der Bandseite. Zusätzlich wird das Türblatt von dem massiven Schlossgehäuse stabilisiert. Man montiert es am besten unterhalb des Türschlosses, dort, wo bei einem Einbruchversuch üblicherweise die Kräfte angesetzt werden.

Die meisten Querriegel können an die Breite der Tür angepasst werden, jedoch ist es besser, beim Kauf die Türbreite zu wissen und mit den Angaben auf der Verpackung zu vergleichen. Auch sollte man sich über die Beschaffenheit der Wände im Klaren sein, damit die Schließkästen mit den zum Mauerwerk passenden Dübeln solide befestigt werden können.

Bei der Montage beginnt man mit dem Bohren des Loches für den Schließzylinder und ermittelt danach die Waagerechte mit Hilfe einer Wasserwaage.

Die Schließkästen sitzen auf Grundplatten, die besonders fest im Mauerwerk verankert werden müssen. Rahmendübel von etwa 120 Millimeter Länge sorgen bei einem

SIE BRAUCHEN für das Anbringen eines Querriegelschlosses:
- Bohrmaschine
- Lochsäge
- Akkuschrauber
- Wasserwaage
- Reißnadel
- Querriegelschloss

OPTIMALE HÖHE DES QUERRIEGELS

Die meisten Einbrecher versuchen zuerst einmal, Türen mit dem Fuß aufzudrücken, um einen Spalt zum Ansetzen des Kuhfußes oder eines Schraubendrehers zu erhalten. Der Querriegel sollte deshalb eher im unteren Drittel der Tür, also unter Hüfthöhe, montiert werden, um möglichst wenig Spielraum zu lassen.

Mauerwerk aus Beton oder Kalksandstein für ausreichende Stabilität, bei Hohlblocksteinen sollte man besser Injektionsanker verwenden.

1 Unterhalb des vorhandenen Schlosses markiert man den Mittelpunkt des Zylinders und durchbohrt das Türblatt mit einer 38-mm-Lochsäge.

2 Der Schlosskasten des Querriegels wird nun aufgesetzt, in die Waagerechte gebracht und auf dem Türblatt verschraubt.

3 Rechts und links des Rahmens werden die Grundplatten der beiden Schließkästen mit je vier Schrauben fixiert. Bohrlöcher und Dübel für mehr Stabilität schräg in die Wand setzen.

4 Nun schraubt man die Schließkästen auf, stellt beide Riegel ein und setzt die Haube des Schlosskastens auf. Das Querriegelschloss ist jetzt einsatzbereit.

FENSTERSICHERUNGEN MONTIEREN

Ein handelsübliches Standardfenster aus Holz, Kunststoff oder Metall bietet keinen nennenswerten Einbruchschutz. Geübte Täter hebeln die Fensterflügel in Sekunden auf und sind im Haus. Daher ist hier unbedingt für zusätzlichen Schutz zu sorgen.

GEPRÜFTE EINBRUCHHEMMENDE FENSTER

Es gibt einbruchhemmende Fenster, die nach der europäischen Norm DIN EN 1627:2011 nach „resistance class" RC 1 bis RC 6 klassifiziert sind (ehemals Widerstandsklassen). Die Anforderungen der Norm behandeln nicht nur das Fenster samt seiner Beschläge und Verglasung, sondern auch dessen Montage in die umgebende Wand. So muss beispielsweise der Spalt zwischen Fensterrahmen und Mauerwerk „druckfest hinterfüttert" sein, sodass der Rahmen beim Ansetzen eines Hebelwerkzeugs nicht nachgeben kann. Bei der Definition der Widerstandsklassen ist man von typischen Arbeitsweisen der Einbrecher und deren Werkzeugen ausgegangen. Je nach Widerstandsklasse

SIE BRAUCHEN
für die Montage eines abschließbaren Fenstergriffs:
- Akkuschrauber oder Schraubendreher
- Holz- oder Metallschrauben
- Evtl. Siebhülsen und Injektionsmörtel bzw. fertige Befestigungssets

GENEHMIGUNG

In Mietwohnungen ist das Anbohren von Kunststofffenstern – auch zum Anbringen von Einbruchsicherungen – problematisch. Darum gilt: Vor allen Montagearbeiten von Einbruchsicherungen das schriftliche Einverständnis des Vermieters einholen, damit es beim späteren Auszug nicht zu Ersatzforderungen kommt. Bei Holzfenstern kommt man im günstigen Fall mit einer Verspachtelung und Neulackierung davon.

reichen die Einbruchswerkzeuge vom stabilen Schraubendreher, Zangen und Keilen bis zum Winkelschleifer und zur Säbelsäge (RC 6).

Bei der **Verglasung** unterscheidet man nach DIN EN 356 zwischen Durchwurfhemmung (Klasse A) und Durchbruchhemmung (Klasse B). In der Klasse A wird ein etwa vier Kilogramm schweres Wurfgeschoss aus einer Höhe ab 3,50 Meter auf das Glas fallengelassen (P1A), in der Klasse B wird versucht, mit 30 bis 70 Axthieben (P6B–P8B) ein Loch zu schlagen.

Je nach persönlichem Schutzbedürfnis, Lage und Besitz kommen für einen privaten Haushalt Fenster, aber auch Tü-

1 Der alte Fenstergriff ohne Schloss wird entfernt, indem man die beiden Schrauben löst und den Griff samt Vierkantstift herauszieht.

2 Der Vierkant des neuen Griffes wird eingeschoben.

3 Die beigefügten Schrauben fest anziehen. Der Griff kann im verriegelten Zustand abgeschlossen werden, sodass sich das Fenster auch dann nicht öffnen lässt, wenn man durch die eingeschlagene Scheibe versucht, den Griff zu drehen.

ren der Widerstandsklassen RC 1 bis RC 3 in Betracht. Schon ein Fenster mir RC 2 setzt dem Einbrecher gegenüber einem normalen Fenster einen erheblich größeren Widerstand entgegen, sodass sein Plan, es schnell mit wenig mitgeführtem Werkzeug zu öffnen, durchkreuzt wird. Ein normales Fenster älterer Bauart ist mit einem geprüften einbruchhemmenden Fenster natürlich nicht zu vergleichen, dennoch lohnt es sich auch hier, etwas in die Sicherheit zu investieren.

ABSCHLIESSBARE GRIFFE MONTIEREN

Verschließbare Fenstergriffe verhindern bei Durchbruch der Scheibe, dass sich das Fenster von außen öffnen lässt.

Für den Austausch normaler Fenstergriffe gegen abschließbare sind nur wenige Handgriffe notwendig. Häufig sind die Befestigungsschrauben unter einer Deckplatte verborgen, die sich anheben und seitlich verdrehen lässt, sodass die Schraubenköpfe sichtbar werden. Sind die Schrauben gelöst, kann man den Griff samt Vierkantstift herauszie-

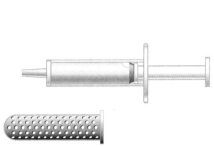

Für Kunststoffprofile ohne Metallkern verwendet man solche Siebhülsen, die in das Bohrloch geschoben und dann mit einem speziellen Injektionsmörtel gefüllt werden.

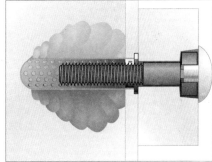

Wird die Befestigungsschraube eingedreht, drückt sich der Mörtel durch die Löcher der Hülse und verteilt sich so an der Innenseite des Kunststoffprofils.

1 Zur Montage der Zusatzsicherung wird der vorhandene Griff gelöst. Dann setzt man die Grundplatte des Schlosses auf und verschraubt sie am Flügel.

2 Direkt neben das Schloss wird auf dem Rahmen der Schließkasten montiert. Verschieden dicke Kunststoffunterlagen erlauben es, die Falzdicke des Flügels exakt auszugleichen.

3 Nun setzt man das Schloss samt Fenstergriff auf den Vierkant und verschraubt das Ganze. Jetzt ist eine erste Funktionsprüfung möglich.

hen. In umgekehrter Reihenfolge wird dann der neue Griff eingesetzt. Selbstverständlich muss der Schlüssel immer abgezogen werden. Bei Fensterrahmen gilt die DIN 18104.

SICHERUNG MIT SCHLOSS UND SCHLIESSKASTEN

Standardfenster besitzen an den Flügeln sogenannte Rollenzapfen. Das sind zylinderförmige Beschlagteile, die beim Schließen der Fenster in entsprechende Gegenstücke der Rahmenbeschläge (Schließklötze) greifen.

Gegen Aufhebeln bieten diese Beschläge jedoch wenig Schutz. Wirksame Verstärkung bringen von innen montierte Zusatzsicherungen. Sie sind eine Weiterentwicklung der abschließbaren Fenstergriffe und eignen sich für alle gängi-

4 Wenn sich das Fenster-schloss problemlos betäti-gen lässt, werden die bei-den Abdeckhauben in die Arretierungen gedrückt.

5 Bei jedem Schließen des Fensters verriegelt man nun den ursprünglich vor-handenen Beschlag und betätigt gleichzeitig das Zusatzschloss. Außerdem kann der Griff abgeschlos-sen werden.

6 Damit auch die Schar-nierseite gegen Aufhebeln geschützt ist, empfiehlt sich die Montage mindes-tens einer Bandseitensiche-rung. Hier auf halber Höhe zwischen den vorhandenen Scharnieren.

gen, nach innen öffnenden Fenster und Fenstertüren. Ne-ben dem Griff findet sich bei dieser Sicherung ein Schließ-kasten, der am Rahmen befestigt wird. Bei Betätigung des Fenstergriffs werden wie bisher die vorhandenen Beschlä-ge verriegelt und zusätzlich ein Riegel in den Schlosskasten am Rahmen geschoben. Ergänzend sollte man auch auf der Scharnierseite des Fensters eine Zusatzsicherung montie-ren.

AUF DIE VERANKERUNG KOMMT ES AN
Bei Holz- oder Aluminiumfenstern bohrt man vor und be-nutzt Holz- oder Metallschrauben der empfohlenen Dimen-sion, um die Zusatzbeschläge fest zu verankern. Bei Kunst-

stofffenstern gibt es Profile mit und ohne Metallkern. Ist ein Metallkern vorhanden, finden dort selbstschneidende Metallschrauben ausreichenden Halt. Andernfalls verwendet man Siebhülsen, durch die ein spezieller Injektionsmörtel in den Hohlraum des Kunststoffprofils gedrückt wird, der sich nach dem Aushärten innen verankert.

NOTAUSSTIEG

Das Vorhängeschloss sollte so konstruiert sein, dass es sich ohne Schlüssel öffnen und schließen lässt, damit die Fensteröffnung im Falle eines Brandes als Notausgang dienen kann.
Wenn ein Schlüssel erforderlich ist, sollte er in der Nähe des Schlosses aufbewahrt werden.

ABDECKGITTER ZUM KELLERFENSTER SICHERN

für das Sichern von Lichtschachtrosten:
- Bohrmaschine
- Steinbohrer
- Akkuschrauber oder Schraubendreher
- Kettensicherung
- Vorhängeschloss

Die Absicherung der Kellerfenster gegen Einbruch wird von vielen Hausbesitzern vergessen, oder es wird als unwahrscheinlich angesehen, dass sich ein Einbrecher ausgerechnet durch den engen Fensterschacht zwängt.

Tatsache aber ist, dass manche Einbrecher sich gerade auf diesen Weg spezialisiert haben. Das eigentliche Kellerfenster besteht meist nur aus dünnem Blech mit Einfachverglasung. Einem Aufhebelversuch mit dem Brecheisen hält es nicht lange stand. Also sollte bereits der Gitterrost über dem Kellerschacht gesichert sein.

Die Roste von Fertigschächten aus Kunststoff sind gegen Ausheben bereits mit Flacheisen versehen, die den Rost an tiefer gelegenen Befestigungspunkten an der Lichtschachtwand sichern. An gemauerte oder betonierte Lichtschächte lassen sich solche Sicherungen auch nachträglich montieren. Die hier gezeigte Kettensicherung verfügt über stabile Halteplatten, die von oben durch den Gitterrost gesteckt werden. Als untere Fixierung werden Metallplatten an die Lichtschachtwände gedübelt. Sie besitzen eine Öse für ein schlüsselloses Vorhängeschloss.

1 Die Halteplatte der Lichtschachtsicherung wird mit drei Schrauben an die Betonwand gedübelt.

2 Nun hängt man die zuvor passend eingekürzte Kette in die Ösen der Abdeckplatte ein.

3 Über die Öse der unteren Halteplatte wird eine Lasche geschoben, die am letzten Kettenglied hängt. Nun lässt sich das schlüssellose Schloss einhängen. Die Abdecklasche verhindert, dass es von oben geöffnet werden kann.

STICHWORTVERZEICHNIS

ADRESSEN

Suchmaschinen und Informationsportale für Heimwerkerinnen und Heimwerker

■ Informationsportal der Deutsche Heimwerker Akademie.
www.dha.de

■ Umfassender Informationsdienst der Zeitschrift „das Haus" mit aktuellen Informationen und umfangreichem Ratgeber- und Adressteil. Tägliche Aktualisierung. Kostenlos.
www.haus.de

■ Informationen zu Produktlabeln und Gütesiegeln.
www.label-online.de

■ Die Online-Parallelausgabe der Zeitschrift „Selbst ist der Mann" ist ein Onlinedienst mit Informationen über alle Spielarten des Heimwerkens von Innenausbau über Garten-

bau, Bauen und Renovieren bis hin zu Basteln und Dekorieren. Mit Techniklexikon und Heimwerker-Grundwissen. Monatliche Aktualisierung. Kostenlos.
www.selbst.de

■ Eine Suchmaschine speziell zu den Themen Bauen, Heimwerken, Handwerk, Wohnen, Garten und Baugewerbe. Einkauf und Produktinformationen.
www.suchbagger.de

■ Brancheninformationsdienst mit Anleitungen für Heimwerker und Hobbygärtner, Checklisten, Güteklassen, Informationen rund um Neubau, Umbau und Renovierung. Monatliche Aktualisierung. Kostenlos.
www.baumarkt.de

■ Die erste deutsche Shopping Mall speziell für Heimwerker und Bauher-

ren mit Zehntausenden von Angeboten.
www.baumarkt-shopping.de

■ Bosch-Helpline: Wer Tipps zur Arbeit mit Heimwerkermaschinen braucht, findet hier Hilfestellung.
www.bosch-do-it.de/heimwerker

■ Onlinebaumarkt mit Heimwerkerlexikon: Mit Material- und Werkzeugkunde und vielen Tipps zum Renovieren, Bauen, Schweißen, Tapezieren usw. Kostenlos.
www.heimwerker.de

■ Onlineportal der Firma Hornbach mit Tipps und Anleitungen rund ums Renovieren im Haus.
www.hornbach.de

■ Das Werkzeug-Portal für Heimwerker und Handwerker.
www.werkzeug-news.de

Zentralverband des Deutschen Handwerks

◾ Die Handwerkskammern können qualifizierte Handwerksunternehmen nennen und Sachverständige als Gutachter zur Verfügung stellen. Deutschland ist in 53 Handwerkskammern unterteilt. Über die Homepage oder die telefonische Auskunft des Dachverbands gelangen Sie zu Ihrer jeweiligen Handwerkskammer.

◾ Zentralverband des Deutschen Handwerks e. V.
Mohrenstraße 20 / 21
10117 Berlin
Postfach 110472
10834 Berlin
Tel.: 0 30 / 20 61 9 – 0
www.zdh.de
www.zdh.de/handwerks
organisationen/hand-
werkskammern.html

Verbraucherzentralen
Bundesländer in alphabetischer Reihenfolge

◾ Baden-Württemberg
Paulinenstraße 47
70178 Stuttgart
Tel. 07 11 / 66 91 – 10
info@vz-bw.de

◾ Bayern
Mozartstraße 9
80336 München
Tel. 0 89 / 53 98 70
info@vzbayern.de

◾ Berlin
Hardenbergplatz 2
10623 Berlin
Tel. 0 30 / 2 14 85 – 0
mail@verbraucherzentrale-
berlin.de

◾ Brandenburg
Templiner Straße 21
14473 Potsdam
Tel. 03 31 / 2 98 71 – 0
info@vzb.de

◾ Bremen
Altenweg 4
28195 Bremen
Tel. 04 21 / 1 60 77 – 7
info@verbraucherzentrale-
bremen.de

◾ Hamburg
Kirchenallee 22
20099 Hamburg
Tel. 0 40 / 2 48 32 – 0
info@vzhh.de

◾ Hessen
Große Friedberger Straße
13 – 17
60313 Frankfurt/Main
Tel. 0 180 5 – 97 20 10
(0,14 € pro Minute aus
dem deutschen Festnetz;
aus dem Mobilfunk maximal 0,42 € pro Minute)
vzh@verbraucher.de

◾ Mecklenburg-Vorpommern
Strandstraße 98
18055 Rostock
Tel. 03 81 / 2 08 70 50
(keine Beratung)
info@nvzmv.de

◾ Niedersachsen
Herrenstraße 14
30159 Hannover
Tel. 05 11 / 9 11 96 – 0
info@vzniedersachsen.de

◾ Nordrhein-Westfalen
Mintropstraße 27
40215 Düsseldorf
Tel. 02 11 / 38 09 – 0
vz.nrw@vz-nrw.de

■ Rheinland-Pfalz
Seppel-Glückert-Passage
10
55116 Mainz
Tel. 0 61 31 / 28 48 – 0
info@vz-rlp.de

■ Saarland
Trierer Straße 22 (Haus
der Beratung)
66111 Saarbrücken
Tel. 06 81 / 5 00 89 – 0
vz-saar@vz-saar.de

■ Sachsen
Brühl 34 – 38
04109 Leipzig
Tel. 03 41 / 69 62 90
vzs@vzs.de

■ Sachsen-Anhalt
Steinbockgasse 1
06108 Halle
Tel. 03 45 / 2 98 03 29
vzsa@vzsa.de

■ Schleswig-Holstein
Andreas-Gayk-Straße 15
24103 Kiel
Tel. 04 31 / 5 90 99 – 0
info@vzsh.de

■ Thüringen
Eugen-Richter-Straße 45
99085 Erfurt
Tel. 03 61 / 5 55 14 – 0
info@vzth.de

Mietfragen

■ Deutscher Mieterbund
e.V. (DMB)
Littenstraße 10
10179 Berlin
Tel. 0 30 / 2 23 23 – 0
info@mieterbund.de

■ In allen größeren Städ-
ten und in vielen kleineren
Gemeinden gibt es örtli-
che Mietervereine mit Be-
ratungsstellen. Sie helfen
ihren Mitgliedern bei Miet-
problemen. Bei Wahl der
Servicenummer
0 180 5 / 83 58 35 werden
Sie sofort zum nächsten
Mieterverein weiterverbun-
den.

■ Haus & Grund
Deutschland
Zentralverband der Deut-
schen Haus-, Wohnungs-
und Grundeigentümer e.V.
Mohrenstraße 33
10117 Berlin
Tel. 0 30 / 2 02 16 – 0
zv@hausundgrund.de

Impressum

© 2013 Stiftung Warentest, Berlin

Stiftung Warentest
Lützowplatz 11–13
10785 Berlin
Telefon 0 30/26 31-0
Fax 0 30/26 31–25 25
www.test.de
email@stiftung-warentest.de

USt.-IdNr.: DE136725570

Vorstand: Hubertus Primus
Weiteres Mitglied der Geschäftsleitung:
Dr. Holger Brackemann
(Bereichsleiter Untersuchungen)

Programmleitung: Niclas Dewitz
Autoren: Peter Birkholz, Michael Bruns,
Karl-Gerhard Haas, Hans-Jürgen Reinbold
Fachliche Beratung: Lukas Kreuz, Elektro-
technikmeister; Dipl.-Ing. (FH) Markus Wölfel
Projektleitung/Lektorat: Johannes Tretau

Titelentwurf: Büro Brendel, Berlin
Layout: Sylvia Heisler
Bildredaktion: Büro Brendel, Berlin
Bildnachweis: Andreas Bathke, Berlin (S. 6, 11, 13,
16); istockphoto (S. 7); Pressebüro Bastian, Brühl
(S. 15, 101); Tobias Kleitsch, Köln (Titel, S. 21, 40, 52,
54, 56, 57, 59, 60, 62, 64, 65, 67, 71, 73 – 75, 77 – 79,
81, 83, 85, 86, 88, 90 – 92, 98, 103, 106, 108, 110 – 112,
114, 116, 118, 119, 121); Tom Philippi, Stuttgart
(S. 34, 39, 43, 48); Nada Quenzel, Berlin (S. 27, 33, 34,
35, 36, 37, 41, 43, 46, 48); Michael Haase, Berlin
(S. 96); DeWalt, Idstein (S. 28, 39); Black & Decker
GmbH, Idstein (S. 28); Bosch-Elektrowerkzeuge,
Leinfelden-Echterdingen (S. 28, 31, 43, 47,); Metabo-
werke GmbH, Nürtingen (S. 47); Makita Werkzeug
GmbH, Duisburg (S. 31); C & E Fein GmbH & Co. KG,
Stuttgart (S. 31); AEG GmbH, Winnenden (S. 33);
Artur Fischer GmbH & Co. KG, Waldachtal (S. 40);
Prüm Türenwerk, Weinsheim-Eifel (S. 51); Roto
Frank AG, Leinfelden-Echterdingen (S. 68, 70); rekord
Fenster + Türen, Dägeling (S. 69, 72, 95, 117); Marley
Deutschland GmbH (S. 53); Kati Hammling, Berlin
(S. 94)

Produktion: Sylvia Heisler, Vera Göring
Verlagsherstellung: Rita Brosius (Ltg.),
Susanne Beeh
Druck: Grafisches Centrum Cuno GmbH & Co. KG,
Calbe

ISBN: 978-3-86851-083-6